Müssen Christen Sozialisten sein?
Zwischen Glaube und Politik

Müssen Christen Sozialisten sein?

Zwischen Glaube und Politik

Herausgegeben von Wolfgang Teichert

1976
Lutherisches Verlagshaus · Hamburg

1. Auflage 1976
Copyright by Lutherisches Verlagshaus GmbH Hamburg
Umschlag: Werner Friedrichs, Hamburg
Gesamtherstellung: Clausen & Bosse, Leck
ISBN 3 7859 0415 0
Best.-Nr.: 31086-4

Inhaltsverzeichnis

Vorwort   7

Eberhard Jüngel
Zukunft und Hoffnung   11
Zur politischen Funktion christlicher Theologie

Helmut Gollwitzer
Auf den linken Pfad geschmeichelt?   31

Eberhard Jüngel
Warum gleich mit dem Faß geworfen?   41
Über die Kunst mit roter Tinte umzugehen
Offener Brief an Helmut Gollwitzer

Eberhard Müller
Eine Leiche im Keller?   50
In die Theologie eingeschmuggelte Ideologien

Walter Schmithals
Christliche Politik? Politische Verantwortung der Christen!   56

Wolfhart Pannenberg
Der Sozialismus – das wahre Gottesreich?   60

Dorothee Sölle
Leiden an der Wahrheit ist konkret   66

Martin Kriener
Die Schwierigkeiten mit der politischen Predigt   72

Bernhard Vogel
Nüchternheit und Kreativität   81

Walter Künneth
Damm gegen Übel der Welt   86

Heinz Zahrnt
Zur roten Fahne die violette Schleife? 90

Helmut Gollwitzer
Wo kein Dienst ist, da ist Raub 100

Eberhard Jüngel
Wer denkt konkret? 111

Vorwort

An einen kleinen Täufling, der noch gar nicht lesen konnte, hat Dietrich Bonhoeffer im Mai 1944 aus dem Gefängnis geschrieben. Der Täufling ist jetzt rund dreißig Jahre alt. Er kann selber lesen, was sein Patenonkel damals prophezeit hat: „Denken und Handeln wird für euch in ein neues Verhältnis treten. Ihr werdet nur denken, was ihr handelnd zu verantworten habt. Bei uns war das Denken vielfach der Luxus des Zuschauers, bei euch wird es ganz im Dienst des Tuns stehen." Wie Glaube und Politik, Denken und Handeln konkret zusammengehören, dafür hat es manche Bilder und Modelle gegeben, seit Jahrzehnten. Von der Zwei-Reiche-Lehre, die inzwischen beinah ganz in das Gewissen des einzelnen Menschen verlegt worden ist, bis zum Modell der Königsherrschaft Christi, dem Ineinander von Bürgergemeinde und Christengemeinde, der Unterscheidung von Letztem und Vorletztem, wie sie bei Bonhoeffer selber anklingt. Niemals hat diese Diskussion ein befriedigendes Ende gefunden, weil es kein endgültiges Modell gibt, nach dem ein für allemal bei jeweils veränderten Situationen christlich und im Glauben an den Mann von Nazareth zu handeln wäre. Deshalb entbrennt die Auseinandersetzung bei wechselnden Anlässen immer wieder neu, weil theologische Position und konkretes politisches Handeln immer wieder in ein neues Verhältnis zueinander gebracht werden müssen.

Da ist unlängst wieder ein Streit entstanden. Die Auseinandersetzung der Theologen in diesem Buch geht zwar immer noch um das richtige Verhältnis von Glaube und Politik, von Denken und Handeln, sie geht aber darüber hinaus um die reale Rolle der wissenschaftlichen Theologie und ihrer gegenwärtigen Vertreter in den konkreten Konflikten der Situation der siebziger Jahre, ja auch der politischen Situation. Sie geht, noch direkter um das Maß der Beteiligung von Theologie, des persönlichen Einsatzes, der sich freilich nicht einklagen läßt; sie geht in Wahrheit darum – und daraus erhält sie ihre Schärfe – ob die Theologen außer ihrem analytischen und historischen Sachverstand noch ein „beteiligtes Herz" zu verschenken haben. Und damit geht der Streit ganz zuletzt um den christlichen Glauben, der „zu seinen Träumen nicht in Schlaf kommt, sondern in jenen Zustand der gesteigerten Wachsamkeit, den wir als ‚gespanntes Verhältnis zur Wirklichkeit' zu umschreiben suchen" (Ernst Lange). Das sagt einer, dem es um die Reinheit der Theologie, oder besser um die Unbedingtheit ihres Anspruchs, um ihre Eindeutigkeit, um die „Verknüpfung von Anfang und Ende" zu tun war, und der darunter gelitten hat, daß ein „gespanntes Verhältnis" zur Wirklichkeit, welches jeder Christ in der Nachfolge einnimmt, so wenig aus den Zweideutigkeiten herausgeführt zu haben schien.

Ein „gespanntes Verhältnis zur Wirklichkeit" allerdings haben alle, die in diesem Buch schreiben, weil sie die konkrete Situation, in der wir in diesem Land leben, kaum mit dem versprochenen „Reich Gottes" gleichsetzen mögen. Keiner jedoch behauptet, daß das Evangelium, dem sie sich alle verpflichtet fühlen, von sich aus die Sachgesetze für die politische Entscheidung an die Hand gibt, sofern man unter „politischer Entscheidung" Stellungnahmen zu politischen Tagesfragen versteht. Dennoch gibt es da einen weiten Zusammenhang zwischen Glaube und Politik, ein Zusammenspiel in der „Richtung und Linie", eine „dringliche politische Zumutung" an jene, die Christen sind und Politiker zugleich: Es bleibt nämlich das Ziel einer Welt, „in der alle Menschen gemeinsam ‚Herr im Hause' zu sein vermögen."

Bei den Konsequenzen jedoch, bei den Mitteln oder – in der Sprache Eberhard Jüngels – da, wo der „einseitige Anspruch der Wahrheit" mit den „sehr vielseitigen Ansprüchen der Wirklichkeit" zusammentrifft, scheiden sich die Geister. Beide, Wahrheit und Wirklichkeit, haben wir jedoch kaum unabhängig voneinander, so als sei christlicher Glaube zunächst unpolitisch, um dann später irgendwelche (beliebigen) politische Folgen zu haben. Solche künstliche oder allenfalls methodische Teilung, die doch zumeist beim ersten Teil, dem „göttlichen" oder „vertikalen", stehen bleibt und den zweiten Teil dann dem einzelnen beliebig überläßt, ist noch immer in der Gefahr gewesen, die Gottesbeziehung von der Realität zu trennen.

Es ist kein Zufall, daß an dieser Stelle und in diesem Buch über Inhalt und Begriff eines wie immer gearteten „Sozialismus" gesprochen und gestritten wird. Wer die Konkretheit aller Theologie bejaht, wer also den „Luxus des Zuschauers" für unmöglich, für Illusion hält, weiß, daß es zu dieser Auseinandersetzung kommen muß. Denn nirgendwo anders fällt die „Lebensentscheidung" als an der Stelle, wo Denken und Handeln, Leben und Leiden sinnlich erfahren werden.

Angedeutet haben beide, Jüngel und die ihm näher stehen, wie Gollwitzer und seine Freunde, wo ihre Argumentation entscheidend divergiert: Gollwitzer meint, aus Jüngels erstem Aufsatz ergebe sich die Folgerung, ein Sozialist sein zu müssen, Jüngel jedoch möchte die Freiheit der persönlichen politischen Entscheidung bewahrt sehen: „Der Sozialismus ist eine, aber nicht die einzige politische Möglichkeit, die Welt durch Inanspruchnahme von Freiheit und Gerechtigkeit freier und gerechter zu machen." Das sei, so argumentiert Gollwitzer, allerdings nicht die Hauptfrage, „sondern ob ein Christ weiterhin Befürworter und Apologet des kapitalistischen Systems sein könne." So steht denn weniger eine positive Zukunftsvorstellung als ein „gespanntes Verhältnis zur Wirklichkeit" noch einmal verschärft und mit der Aufgabe zur Konkretion zur Debatte.

Fast alle Autoren jedoch betonen, daß die „Verhältnisse", die intimen familiären ebenso wie die kaum faßbaren gesellschaftlichen, zum Thema der Theologie gehören, weil solche „Verhältnisse" bis in die „Seele" hineingreifen und auch den Glauben kaputt machen können.

Ein wenig resigniert hat denn auch der alternde Max Horkheimer festgestellt, daß die eigentliche Trennungslinie kaum mehr zwischen „rechts" oder „links" verlaufe, sondern zwischen „Achtung und Verachtung des Lebendigen" (Notizen, Seite 205). Das ist richtig und gilt bis in unsere Sprache, bis in die „Seele" des einzelnen hinein: Verachtet er, was da lebendig ist oder vermag er die „Achtung" durchzuhalten? Mißachten oder achten bestimmte Familienverhältnisse das Recht auf eigenes Leben ihrer Mitglieder, mißachten oder achten die Arbeitsbedingungen in einer Fabrik die persönliche Unverwechselbarkeit der Arbeiter, verachtet oder achtet ein Staatswesen die persönliche Meinung seiner Mitglieder, verachtet oder achtet eine Religion die andere, indem sie sie nicht verketzert, sondern in einen teilnahmsvollen und lernbegierigen Dialog mit ihr eintritt?

Solche Fragen, konsequent gestellt, nötigen auch die Theologie zur Konkretion, verlassen den „Luxus des Zuschauers" und die Attitüde der Teilnahmslosigkeit genauso wie die Haltung einer nurmehr verbalen Konkretion. Über „den Dingen zu stehen" oder Teilnahmslosigkeit jedenfalls erhalten wohl kaum noch die Reinheit der Theologie, wie man bei Siegfried Lenz nachlesen kann: „Wer zu handeln versäumt, ist noch keineswegs frei von Schuld. Niemand erhält seine Reinheit durch Teilnahmslosigkeit. Schuld ist etwa so allgemein, wie eine Sonnenfinsternis: sie gilt für jeden. Die einzige Möglichkeit, ihr zu begegnen, liegt darin, sie anzuerkennen, sie zu übernehmen. Wir haben keine andere Wahl, als bestehende Schuld zu unserer eigenen Schuld zu machen; dann erst kann sie uns ändern." Wir haben in der Tat keine andere Wahl, auch die Theologie nicht. Die Theologen sind deswegen am Ende noch einmal nach ihrer „Einstellung", ja nach ihrem Glauben gefragt, mit dem sie ihre Arbeit tun. Sicher können und mögen sie auf solche Fragen keine direkte Antwort geben, aber hinter ihrem Streit steht ausgesprochen oder unausgesprochen die Gretchenfrage, welche Hoffnung sie für diese eine unteilbare Welt haben und woher sie ihre Hoffnung beziehen. Daß sie verschiedene Hoffnungen haben, ob mehr skeptisch-resignativ oder mehr kämpferisch-prospektiv, macht sie bei aller Auseinandersetzung menschlich und christlich zugleich; und schließlich soll der Streit um die Wahrheit auch schon einmal verbunden haben.

Hamburg im Februar 1976   Wolfgang Teichert

Die Beiträge dieses Bandes sind Reaktionen auf einen Vortrag von Eberhard Jüngel, den er vor dem Evangelischen Arbeitskreis der CDU/CSU gehalten hatte. Das Deutsche Allgemeine Sonntagsblatt (Hamburg) veröffentlichte diese Serie erstmalig Anfang 1975.

Eberhard Jüngel

Zukunft und Hoffnung

Zur politischen Funktion christlicher Theologie

I

Politik gilt nach einem bekannten Wort Bismarcks als die „Kunst des Möglichen". Gemeint ist wohl die Kunst der Beschränkung auf die Verwirklichung dessen, was von dem Machenswerten – und vielleicht sogar Notwendigen – zu machen möglich erscheint. Karl Liebknecht hat dem entgegengesetzt, „die eigentlichste und stärkste Politik" sei die „Kunst des Unmöglichen". Wer unter politischem Aspekt nach „Zukunft und Hoffnung" fragt, scheint auch heute noch zwischen der Kunst des Möglichen und der Kunst des Unmöglichen wählen zu müssen. Eine solche Wahl ist aber allemal ein Streit um die Wirklichkeit. Nach der pragmatisch anmutenden Formel Bismarcks scheint die jeweilige Wirklichkeit selber darüber zu entscheiden, was möglich ist. Das bedeutet freilich noch nicht, diese Formel als Anleitung zu bloßen status-quo-Variationen mißverstehen und wie *Lotte in Weimar* „mit abweisendem Kopfschütteln" darauf bestehen zu müssen, „daß man sich rüstig ans Wirkliche halte, das Mögliche aber auf sich beruhen lasse". Es geht im Sinne Bismarcks vielmehr darum, sich rüstig an das wirklich Mögliche zu halten, das Unmögliche aber auf sich beruhen zu lassen. Maßstab des Möglichen wäre jedoch auch dann die Wirklichkeit.

Demgegenüber mutet ein Wort Jesu, das behauptet, alles sei möglich dem, der glaubt (Mk 9, 23), ausgesprochen wirklichkeitsfremd an. Es wäre wohl selbst von dem nach der Kunst des Unmöglichen als der eigentlichsten und stärksten Politik verlangenden Liebknecht so empfunden worden. Eine solche Behauptung ist aus der Wirklichkeit der Welt heraus nicht verständlich. Und wer es dennoch glaubt, daß dem Glaubenden alles möglich sei, der sieht sich sofort genötigt, seinen Unglauben einzugestehen: „Ich glaube, hilf meinem Unglauben" (Mk 9, 24). Am Streit um die Wirklichkeit sind auch solche Sätze des Glaubens beteiligt. Aber im Feld der politischen Alternativen wirken sie befremdlich. Sie haben einen anderen Sitz im Leben, eine andere Herkunft. „Alles ist möglich dem, der glaubt" – das ist schon im Munde Jesu ein Satz, der einzig und allein begründet ist in der Behauptung, daß das, was für Menschen unmöglich zu sein scheint, möglich ist für Gott: „denn alles ist möglich bei Gott" (Mk 10,27). Gott kann nämlich geradezu definiert werden als der, der zwischen *möglich* und *unmöglich* endgültig unterscheidet. Eine christlich orientierte Frage nach Zukunft und Hoffnung hat sich folglich an dem zu orientieren, der allein definitiv zwischen *möglich* und *unmöglich* unterscheidet. Theologie hat also zunächst einmal Abstand zu nehmen von der Wirklichkeit der Welt, wenn sie sich am Streit um die Wirklichkeit und deren Zukunft beteiligen will. Denn Theologie ist grundlegend Rede von Gott, und das heißt Rede von dem, der das Mögliche allererst möglich macht und das Unmögliche – das, was nicht sein soll – möglich zu machen verwehrt. Als Rede von dem zwischen *möglich* und *unmöglich* definitiv unterscheidenden Gott und nur so ist es der Theologie erlaubt und geboten, auf den politischen Streit um die Wirklichkeit und ihre Möglichkeiten zurückzukommen. Der *urpolitische* Akt der Theologie ist bereits ihre Rede von Gott.

Wer zu solcher Abstandnahme, zu einem solchen Schritt zurück aus dem Streit politischer Alternativen sachlich genötigt ist, setzt sich nun freilich, wenn er gleichwohl vor einem *parteipolitischen* Forum das Wort nimmt, dem Verdacht aus, sein Ehrgeiz gehe auf eine bunte Jakke. Der umgekehrte Vorgang erregt zwar seit biblischen Zeiten auch Verwunderung. Wie denn Saul unter die Propheten komme und wie der Bundeskanzler auf die Kirchenkanzel[1] – das läßt sich fragen. Aber es gibt da doch eine einleuchtende Antwort. Denn auch die Vertreter politischer Macht haben, sofern sie Glaubende sind, in der Gemeinde der Glaubenden einen Sitz im Leben. Die Gemeinde der Glaubenden ist für jeden Glaubenden geistliche Heimat. Die christliche Gemeinde hat aber keineswegs umgekehrt in irgendeiner politischen Partei so etwas wie einen Sitz im Leben. Und was ihre Theologie über Zukunft und Hoffnung zu sagen hat, läßt sich nur in Ausnahmefällen unmittelbar in Politik transferieren. Politik muß – jedenfalls auch und nicht zuletzt – Gesetze machen und Gesetze praktizieren. Theologie hat dem Evangelium zu dienen und darf niemals zur politischen Gesetzgeberin werden. Sie darf es auch nicht in der sublimierten Weise einer grauen bzw. lila Eminenz.

Ist Theologie also wesentlich unpolitisch? Ganz und gar nicht. Es kommt nur darauf an, *richtig zu unterscheiden* – eine Tätigkeit übrigens, die nach Luther überhaupt erst einen Theologen zum Theologen

---

[1] Bundeskanzler Helmut Schmidt hatte am 31. Oktober 1974 auf der Kanzel der Hamburger Hauptkirche St. Jacobi über „Staat und Kirche" gesprochen (vgl. epd-Dokumente Nr. 53/74, S. 3 ff).

macht. Luthers drastische Warnung, nur ja nicht alles ineinander und durcheinander zu mengen wie eine unflätige Sau, verdient im Blick auf das Verhältnis von Politik und Theologie heute mehr berücksichtigt zu werden denn je. Ich will es versuchen, wenn ich als Theologe zu der von Politikern gestellten Frage nach Zukunft und Hoffnung einige Erwägungen formuliere.

Dabei gehe ich also von dem angekündigten Schritt zurück aus. Ich spiele die Narrenrolle. Es muß ja nicht gerade die Rolle des Hofnarren sein. Die des heiligen Narren steht dem Theologen besser an. Narren waren freilich – um ein mögliches Mißverständnis hier gleich auszuschalten! – auf ihre Weise sehr ernst zu nehmende Figuren. Sie waren mitunter die einzigen, die es sich erlauben konnten, die Wahrheit zu sagen. Es war ihr Amt, auszusprechen, was sich sonst nur hinter vorgehaltener Hand oder aber gar nicht sagen läßt – und doch auf keinen Fall verschwiegen werden darf. Es war ihre Funktion, in vieldeutigen Situationen auf vielsagende Weise *eindeutig* zu werden. Der Narr kam auf seine närrische Weise, er kam auf Umwegen den Angeredeten näher, als es ihnen mitunter lieb war. Theologie gleicht zumindest darin den heiligen Narren, daß sie, indem sie Abstand nimmt von der Welt, eben dieser Welt *näher* zu kommen versucht, als dies aus abstandsloser Nähe möglich ist. Ich möchte deshalb methodisch so vorgehen, daß Zukunft und Hoffnung zunächst so in den Blick geraten, wie sie im Horizont des christlichen Glaubens sichtbar werden: nämlich als Hoffnung auf die jede Zukunft überbietende Wiederkunft Jesu Christi oder kurz: als Hoffnung auf Gottes eigenen Advent. Diese genuin theologische Zukunftserwartung soll dann als eine menschliche Einstellung erhellt werden, in der gerade das Verhältnis zur *letzten* Zukunft dem *gegenwärtigen* Menschen näher kommt, als dieser sich selber nahe zu sein vermag. Von der Einsicht in die Bedeutung der Zukunft Gottes für die menschliche Gegenwart her mögen dann einige Zumutungen des Evangeliums an die Adresse des Gesetzes im Blick auf die nähere irdische Zukunft formuliert werden, im Blick auf eine Zukunft also, die immer schon in der Gegenwart beginnt.

Alle Schritte dieses Gedankenganges geschehen zugleich in ständiger Rücksicht auf das problematische Verhältnis von Theologie und Politik, wobei ich besonders auf die Grundsatzfrage eingehen möchte, ob *christliche* Theologie so etwas wie eine *politische* Theologie sein kann oder gar sein soll, um zum Schluß eine grundsätzliche Bemerkung zu der politischen Erregung zu machen, die in der letzten Zeit um die evangelische Kirche von Berlin entstanden ist.

II

Zukunft und *Hoffnung* gehören zu denjenigen Wörtern unserer Sprache, die sofort einen Vorschuß an Sympathie auf sich ziehen. Was Zukunft hat, findet unser Interesse. Was keine Zukunft hat, wird leicht vernachlässigt. Hoffnung auf Zukunft gehört sogar so sehr zum Wesen des Menschen, daß ohne Hoffnung leben zu müssen zu den unmenschlichen Zwängen gezählt wird, gegen die der Mensch sich selbst dann noch zur Wehr setzt, wenn er selber ein sogenannter hoffnungsloser Fall geworden zu sein scheint: „Denn beschließt er im Grabe den müden Lauf, / Noch am Grabe pflanzt er – die Hoffnung auf." Hoffend gibt der Mensch sich selber Zukunft. Gibt er hingegen alle Hoffnung auf, bekommt seine Gegenwart greisenhafte Züge. Ohne Hoffnung kommt die Zukunft bereits alt und schal bei uns an. Hoffnung macht die Zukunft erst begehrenswert und die Gegenwart in ihrer Vergänglichkeit erst erträglich. Auf den Menschen scheint die durch Hoffnung gesteuerte Erwartung der Zukunft als eine Art Jungbrunnen der Zeit zu wirken. Solange noch Hoffnung ist, verjüngt sich das Leben zumindest in dem Sinn, daß die Gegenwart nicht als das Letzte akzeptiert wird. Kein Wunder also, daß Wörter wie *Hoffnung* und *Zukunft* über ihre semantische Bedeutung hinaus einen Mehrwert an Sinn ins Spiel bringen. Wer hofft, denkt weiter. Und wer Zukunft hat, lebt gegenwärtiger.

Um so gefährlicher ist allerdings der *leichtfertige Gebrauch* solcher Sympathie auf sich ziehender Wörter. Der unverantwortliche Umgang mit Zukunft und Hoffnung ist sogar ausgesprochen gemeingefährlich. Hoffnungen zu wecken, wo nichts zu hoffen ist, heißt, den Menschen mit Hilfe seiner Sehnsucht nach mehr Menschlichkeit um seine Menschlichkeit zu betrügen. Und die einseitige Orientierung an der Zukunft unter Überspringung der Gegenwart, die rücksichtslose Bevorzugung dessen, „was Zukunft hat", kann zum Verbrechen am menschlichen Leben werden. Die Gefahr, die hier droht, mag man sich an unserem Umgang mit dem *alten* Menschen klarmachen, der in einer Gesellschaft, in der nur zählt, „was Zukunft hat", nur gar zu leicht um die Würde eines menschlichen Lebens gebracht wird.

Der christliche Glaube hat sich gegen eine solche Geringschätzung der Gegenwart um des übergroßen Mehrwerts der Zukunft willen von vornherein zur Wehr gesetzt. Enthusiasten, die vor lauter Zukunftsbegeisterung die Not der Gegenwart nicht mehr sehen, wurden ebenso scharf zurechtgewiesen wie diejenigen Frommen, die beim die himmlische Zukunft feiernden Abendmahl die Gegenwart so sehr vernachlässigen, daß sie ihre Nachbarn hungern und dürsten lassen (1. Kor. 11, 20 ff.). Allerdings ist auch diese Fehlhaltung nur verständlich aufgrund einer besonderen Hochschätzung des Kommenden, die dem christlichen Glauben eignet. Auch in der Bibel wird Zukunft groß geschrieben. Die Leiden der gegenwärtigen Zeit werden von Paulus im Vergleich mit der zukünftigen Herrlichkeit sogar gering geachtet (Röm. 8, 18). Das jedoch nur insofern, als das sichtbare und hörbare (Stöhnen!) Elend der gegenwärtigen Welt die Gewißheit eines *guten* Gottes nicht problematisieren kann. Diese Gewißheit ist nun aber für den christlichen Glauben das Fundament für eine durchaus positive Zukunftserwartung. Und insofern teilt das Christentum die positive Einstellung zur Zukunft. Ja, der christliche Glaube hat, darin alttestamentliche Traditionen fortsetzend, entscheidend dazu beigetragen, daß es zu dem heute allgemeinen Sympathievorschuß für Phänomene wie Zukunft und Hoffnung im Abendland gekommen ist.

Es gab immerhin Zeiten, in denen es nicht einmal selbstverständlich war, daß die Hoffnung einen positiven Zukunftsbezug darstellt. Der griechischen Mythologie ist sie als letztes der *Übel* in der Büchse der Pandora bekannt. Hoffnung war den Griechen zunächst nicht mehr als eine Erwartung, die sowohl gut als auch schlecht sein konnte. Es gab auch „schlechte Hoffnung", so daß man, um die positive Erwartung als solche zu kennzeichnen, die für unsere Ohren nur in Ausnahmefällen nicht tautologisch klingende Wendung „gute Hoffnung" gebrauchte. Die Hoffnung als solche war nicht schon notwendig gut. Sie war es ebensowenig wie die Zukunft, die man viel eher als eine Bedrohung der Gegenwart empfand. Unter der Sonne Homers triumphierte das Präsens. Leben, Existieren, Sein hieß nicht so sehr *Zukunft haben* als vielmehr *anwesend sein*. Denn der Gegenwart war man gewiß. „Für die Zukunft aber ist blind der Verstand" (Pindar).

Ganz anders redet die Bibel. Schon der Glaube Israels war in einem eminenten Sinn *Vertrauen auf Zukunft*, genauer: Hoffnung auf den seinem Volk Zukunft gewährenden Gott. Nur in seiner Zukunft verheißenden Treue wußte Israel seine geschichtliche Existenz begründet. Ein großes Erstaunen begleitet das Selbstbewußtsein dieses Volkes durch seine ganze Geschichte: ein gläubiges Erstaunen darüber, überhaupt da zu sein und stets aufs neue da zu sein. Das Erstaunen Israels darüber, überhaupt da und immer noch da zu sein, ist der Ausdruck dafür, daß Gott allein die Zukunft gehört. Der Glaube an diesen Gott war deshalb Glaube an die eigene irdische Zukunft.

Im Neuen Testament wird der Glaube dann fundamental von der Erfahrung bestimmt, daß der Gott, dem die Zukunft gehört, in der geschichtlichen Gegenwart eines Menschen, nämlich des Menschen *Jesus* offenbar geworden ist. Das hat nun freilich folgenschwere Konsequenzen für die menschliche Einstellung zur Zukunft. Denn wenn der über die *Zukunft* entscheidende Gott geschichtlich *gegenwärtig* geworden ist, dann ist hinfort jeder Zukunftbezug von dieser Gegenwart geprägt. Es gibt für den christlichen Glauben keine Mobilität für die Zukunft, die nicht durch *geschehene Geschichte* freigesetzt und gesteuert wird. Es gibt hier keinen Fortschritt ohne Rücksicht auf die Möglichkeiten geschehener Geschichte. Und eben deshalb kommt es darauf an, von welchen Potenzen der Geschichte unser Weg in die Zukunft bestimmt werden soll. Lassen wir uns von der Erinnerung an die Geschichte Jesu Christi leiten, dann wird *jeder* Schritt in die nächste Zukunft auch durch die Gewißheit letzter Zukunft bestimmt werden. Und die Welt wird dann Gegenstand einer doppelten Hoffnung, aber auch einer *doppelten* Verantwortung sein, die beide die *Gegenwart* in die Zukunft lenken: einer weltlichen und einer geistlichen Verantwortung für die Zukunft der Welt. Für den urchristlichen Glauben hat sich das zunächst so ausgewirkt, daß alles, was auf diese Gegenwart, was also auf die Zeit Jesu Christi noch folgen konnte, nur noch als eine Art Nachgeschichte in Betracht kam. Man erwartete ganz offensichtlich das baldige Ende aller Dinge. Man hoffte auf die schnelle Wiederkehr Jesu Christi als des Herrn und Richters der Welt. Wichtiger noch als diese sogenannte Naherwartung war jedoch die Gewißheit, daß dieser Herr und Richter sein *Urteil* bereits gesprochen hat. Die Zukunftserwartung der Christen war ganz und gar davon bestimmt, daß durch Leben, Tod und Auferstehung Jesu Christi über ihre Zukunft bereits definitiv, und zwar definitiv zu ihren Gunsten entschieden ist. Der *Richter*, der erwartet wurde, war der *Retter*. Seine Ankunft wurde deshalb *erhofft*. Und mit seiner Ankunft wurde die eigene Zukunft als eine erfreuliche Zeit ewigen Lebens erhofft.

Daß jene Ankunft und damit die eigene endgültige Zukunft auf sich warten ließ und bis heute auf sich warten läßt, stellte die junge Christenheit vor nicht geringe Probleme und sollte eigentlich keinen Christenmenschen unberührt lassen. Ganz selbstverständlich ist es ja nicht, daß statt des Himmelreiches – die Kirche gekommen ist. Der Unterschied war sogar einem Apostel schmerzlich bewußt (Phil. 1,23). Aber die Einstellung des Christen zur Zukunft wurde angesichts dieser Probleme nun doch in einer Weise *verarbeitet,* daß es zu einer für die Menschheit höchst bedeutsamen Differenzierung im Begriff der Zukunft gekommen ist. Es kam zur Unterscheidung einer *letzten, Sinn und Bedeutung aller Geschichte enthüllenden Zukunft* und der dieser letzten Zukunft *vorangehenden und stets in Gegenwart übergehenden Zukunft*. Diese Unterscheidung war folgenschwer. Denn da über die letzte Zukunft durch Jesus Christus bereits *zugunsten* des Menschen entschieden ist, wird der Mensch nun einerseits von der Aufgabe einer letzten Sinngebung entlastet, andererseits aber zu einer positiven Gestaltung der jeweils bevorstehenden Zukunft aufgefordert, die der in Jesus Christus bereits vollzogenen letzten Sinngebung entspricht. Der Mensch hat also nicht die Aufgabe, weil nicht die Möglichkeit, aus der Erde ein Himmelreich zu machen. Er soll aber mit der irdischen Zukunft der Erde so umgehen, daß wir im kommenden Reich Gottes die von uns zu verantwortenden Reiche der Welt und unsere eigenen privaten Lebensbereiche wenigstens als nicht völlig mißglückte Analogien wiedererkennen können sollten. Und noch eine weitere Unterscheidung ist der Menschheit durch den christlichen Glauben zugemutet. Wenn auf eine letzte Zukunft für den Menschen zu *hoffen* statt vor ihr sich zu *fürchten* Grund besteht, dann nicht deshalb, weil der Mensch für diese Zukunft zu seinen Gunsten irgend etwas geleistet hätte. Jede menschliche Aktivität scheidet hier aus. Unsere Taten wären vielmehr allenfalls Grund zur Furcht. Letzte Zukunft gesteht Gott dem Menschen nicht wegen, sondern trotz seiner – menschlichen und unmenschlichen – Aktivitäten zu. Sie gilt nicht der Leistung des Menschen, sondern dem Menschen in Person. Daran hängt alles. Der christliche Glaube mutet der Menschheit zu, die Person des Menschen von ihren Taten und Untaten zu unterscheiden.

Als Person bin ich aber vor allen eigenen Tätigkeiten zunächst Empfangender. Kein Mensch kann von sich aus menschlich werden. Kein Mensch kann von sich aus lieben. Kein Mensch kann von sich aus sprechen. Schon in den elementarsten Lebensakten bin ich darauf angewiesen, zu empfangen, *bevor* ich geben kann, vor allem: mich selbst zu empfangen, *bevor* ich mich selber geben und engagieren kann. Das gilt erst recht im Blick auf die Zukunft. Der Mensch wird gerade auch von seiner Zukunft her zunächst einmal als Empfangender zum Menschen. Nicht das macht also den Menschen zur menschlichen Person, daß er für oder gegen Andere – oder auch für oder gegen sich selbst – tätig wird. Sondern zur menschlichen Person wird der Mensch dadurch, daß er sich selber empfängt. Menschlich werde ich dadurch, daß ich einen Anderen für mich da sein lasse. Eine *kreative Passivität* im Blick auf das Letzte ist die Bedingung der Möglichkeit für *freie Aktivitäten* zugunsten der Zukunft. Ohne solche kreative Passivität gerät alle Aktivität für die Zukunft zum Krampf, geraten auch alle moralischen Aktivitäten zu einem unerträglichen moralischen Krampf. Dergleichen Krampf läßt sich auf die Kurzformel bringen: *ich hoffe auf mich*. Der christliche Glaube bekennt dagegen: *wir hoffen auf Gott*. Auf den Gott nämlich, der mit der Auferweckung Jesu von den Toten das die Welt bestimmende Gefälle vom Leben zum Tod umgekehrt hat. Die christliche Hoffnung erwartet den Sieg des Lebens über den Tod als Sieg der Liebe Gottes, die sich gegen alle den Tod begünstigenden Taten durchsetzen wird. Und der christliche Glaube macht von dem erwarteten Sieg des Lebens und der Liebe bereits in der Gegenwart Gebrauch.

Die notwendig gewordenen theologischen Differenzierungen im Begriff *Zukunft*, von Dietrich Bonhoeffer durch die Unterscheidung von Letztem und Vorletztem hinreichend klar auf den Begriff gebracht, haben politische Relevanz. Wie diese politische Relevanz im Blick auf die Theologie selber zu bestimmen ist, das ist jedoch umstritten, heute heftiger denn je. Führt die politische Relevanz theologischer Differenzierungen im Begriff Zukunft zur Notwendigkeit von so etwas wie einer politischen Theologie? Ich behaupte das Gegenteil. Und ich will zu zeigen versuchen, daß gerade die politische Relevanz der christlichen Einstellung zur Zukunft jede Form von politischer Theologie unmöglich macht.

III

Zunächst darf daran erinnert werden, daß der Begriff der *politischen Theologie* ebenso wie der einer *mythischen Theologie* und einer *natürlichen Theologie* – ja der Begriff *Theologie* überhaupt – vorchristlichen, heidnischen Ursprungs ist. In der neueren Zeit hat der Staatsrechtslehrer Carl Schmitt eine auf den Traditionen des Christentums aufbauende politische Theologie um der Gesellschaft willen gefordert, und zwar in ausgesprochen konservativer Absicht. Die evangelische Theologie der Bekennenden Kirche hat dem de facto in Theorie und Praxis widersprochen. Dieser Widerspruch selber war allerdings ein Politikum von Rang. Doch eben das wird seitdem in zunehmendem Maße verwirrt. In neuester Zeit wird wiederum die Forderung nach politischer Theologie erhoben, wenn nun auch in ausgesprochen revolutionärer Absicht. Der Unterschied zwischen „rechts" und „links" ist jedoch in diesem Fall so groß nicht. In beiden Fällen nämlich – das ist jedenfalls meine These – nehmen sowohl Theologie als auch Politik schweren Schaden. Und das deshalb, weil die eigentliche politische Relevanz des Theologischen dabei verkannt wird. Es kann und soll also nicht darum gehen, Theologie auf eine Funktion im Seelenwinkel zu beschränken. Das Christentum war von Anfang an öffentlich. Und mit seinem Öffentlichkeitsanspruch würde zugleich der christliche Glaube selber vergehen. Denn der Glaube proklamiert den in Jesus Christus Mensch gewordenen Gott als eine res publica. Sein Sieg über Sünde und Tod geht alle an.

Als eine res publica wird deshalb auch die Gewißheit einer zugunsten des Menschen entschiedenen Zukunft proklamiert. Der Christ hat keine Hoffnung für sich selbst, die nicht erst recht Hoffnung für alle ist. Es ist nun aber von entscheidender Bedeutung, daß bereits diese Hoffnung auf einen – altmodisch formuliert – gnädigen Gott und auf die von ihm allein heraufzuführende letzte Zukunft das eigentlich Politische am christlichen Glauben und seiner Hoffnung ist. *Das ist das eigentliche Politikum, das der christliche Glaube darstellt:* daß weder der Mensch noch der Tod über den Ausgang der Weltgeschichte und über das Schicksal jedweden Menschenlebens in ihr entscheidet, daß darüber vielmehr bereits in Jesus Christus entschieden ist, und zwar eben *zugunsten* des Menschen entschieden ist. *Das ist das eigentliche Politikum, das die christliche Hoffnung darstellt:* daß der Mensch von der Notwendigkeit, einen letzten Sinn suchen oder selber konstruieren zu müssen, heilsam entlastet ist. *Das ist das eigentliche Politikum, das die christliche Liebe darstellt:* daß sie in der Gewißheit der Liebe Gottes die Phantasie freisetzt, die es erlaubt, in jedem Menschen, auch und gerade im mit Grund verachteten Menschen, also auch im Verbrecher einen *Sünder* zu erkennen, der *um Christi willen gerechtfertigt* zu werden vermag und der deshalb *um seiner selbst willen Hilfe zu erfahren* verdient. Theologie *wird* also nicht erst politisch – und schon gar nicht dadurch, daß sie parteipolitisch wird –, sie *ist* es immer schon, wenn sie bei ihrer ureigenen Sache ist. Der christliche Glaube ist in seinem Zentrum politisch – oder er ist es gar nicht. Er ist es, wenn er sich zum Gekreuzigten als Herrn der Welt bekennt und in seinem Namen die Rechtfertigung des Sünders verkündigt.

Es war ja denn auch ein Politikum allerersten Ranges, als die junge Christenheit mit ihrem Glauben an den dreieinigen Gott der Vergöttlichung politischer Institutionen widersprach und diesen Widerspruch mit ihrem Leiden besiegelte. Es war und ist ein Politikum allerersten Ranges, wenn die Kirche notorischen Sündern im Namen Gottes Vergebung aller ihrer Sünden anbietet. (Wenn ich ein halbwegs intelligenter Atheist und ein halbwegs moralisch denkender Diktator wäre – ich bin Gott sei Dank beides nicht –, würde ich dergleichen bei Androhung strengster Strafe verbieten.) Es gibt Gegenden in dieser Welt, in denen es jeder erleben kann, „daß der christliche Gottesdienst als solcher, auch wenn kein unmittelbares politisches Wort darin laut wird, ein Politikum ersten Ranges ist ... Hat man einmal Gelegenheit, unmittelbar aus einer politischen Kultversammlung in einen schlichten christlichen Gottesdienst zu gehen ..., so kann einem etwas davon aufgehen, was es heißt, in eine Atmosphäre der Freiheit versetzt zu sein" (G. Ebeling, Wort und Glaube III, 1975, S. 551 f).

Die politische Relevanz der Theologie besteht also primär und grundlegend darin, daß die Theologie bei ihrer Sache, daß sie theologisch bleibt. Die politische Relevanz der christlichen Hoffnung zeigt sich primär und grundlegend bereits da, wo es noch keineswegs um die Frage geht, was wir *zu tun* haben. Vor allem Tätigwerden, vor allem Handeln ist der Glaube bereits darin politisch, daß er den Menschen als eine von ihren Taten – und von der unbestreitbaren Notwendigkeit, dem unabweisbaren Zwang zum Tätigwerden – unterscheidbare Person ernst nimmt. Daß der Mensch mehr ist als die Summe seiner Handlungen und Unterlassungen – das ist die unmittelbare politische Relevanz der Hoffnung auf eine allein von Gott machbare letzte Zukunft. Das wird dann auch Folgen für das menschliche Handeln haben, ganz entscheidende Folgen sogar. Aber es gehört zu den verhängnisvollen Irrtümern vieler – nicht aller! – neuerer Varianten politischer Theologie, daß sie die politische Dimension des Glaubens erst da beginnen läßt, wo die Hoffnung sich zur Tat entschließt und die Rede von Gott zur Handlungsanweisung fortschreitet. Es gehört zu den verhängnisvollsten Irrtümern der Neuzeit und vor allem der neuesten Theologie, daß der Mensch erst in seinen Taten konkret sei. Ich setze dem die These entgegen, daß zumindest die Theologie theologisch und politisch verkommt, wenn sie erst in der Dimension der Taten politisch wird und deshalb so schnell wie möglich zum Handeln überzugehen habe. Die Theologie würde dann in dem Maße politisch, in dem sie aufhörte, theologisch zu sein. Und die Predigt würde dann in dem Maße politisch, in dem sie aufhörte, erbaulich zu sein. Natürlich gibt es schreckliche Formen christlicher „Erbaulichkeit". Schrecklich sind dergleichen Vorgänge aber vor allem deshalb, weil sie gerade nicht bauen, weil sie keinen neuen Menschen bauen, aufbauen, weil sie ihn vielmehr erschlaffen lassen. Wahre Auferbauung ist nicht zuletzt die *geistliche* Arbeit am Aufbau des Menschen als eines politischen Wesens. Politische Theologie hingegen, die diese geistliche Arbeit überspringt oder gar verachtet, um unmittelbar weltpolitisch tätig zu werden, macht Theologie überhaupt überflüssig. Und was *politisch* dabei herauskommt, ist denn in der Regel auch nichts anderes als eine pseudopolitische Theorie, die mit Hilfe pseudopolitischer Kategorien eine – und das ist das Schlimme daran – pseudopolitische Praxis erzeugt.

Am Ende dieser prinzipiellen Zwischenüberlegung soll nunmehr versucht werden, wenigstens anzudeuten, worin die politische Relevanz der genuin theologischen Unterscheidung zwischen einer von uns selbst nicht zu besorgenden letzten Zukunft, auf die der Christ hoffend unmittelbar bezogen ist, einerseits und einer als Folge unserer Handlungen und Versäumnisse sich gestaltenden Zukunft andererseits eigentlich besteht. Theologisch stellt sich die aus jener Unterscheidung resultierende politische Relevanz m. E. vor allem als die Aufgabe dar, zwischen Glauben und Aberglauben zu unterscheiden. Denn nirgends gedeiht der Aberglaube mehr als im Umgang mit der Zukunft und im Mißbrauch menschlicher Hoffnung.

IV

Aberglaube und Mißbrauch der christlichen Hoffnung wäre es zweifellos, wenn man aus der Gewißheit einer allein von Gott zu besorgenden und in Jesus Christus bereits besorgten letzten Zukunft folgern wollte, daß die Arbeit für einen Fortschritt in bessere Zeiten überflüssig oder gar sinnlos sei. Es ist genau umgekehrt. Die Gewißheit ewiger Zukunft wirkt Gelassenheit. Die *Gelassenheit* aber, die sich dessen bewußt ist, daß der Mensch für sein ewiges Heil schlechterdings nichts tun kann und auch nichts zu tun braucht, diese Gelassenheit ist die kreative Prämisse für eine *Freisetzung angespanntester Tätigkeit* zum Wohle der Welt. Wo erfahren wird, daß Gott für das Heil des Menschen alles getan hat, da kann man für das Wohl des Menschen gar nicht genug tun. In diesem Sinne ermutigt der Glaube zur Arbeit für einen Fortschritt in bessere Zeiten. Gerade weil er dem Aberglauben wehrt, der Mensch könne so etwas wie einen absoluten Fortschritt, so etwas wie einen qualitativen Sprung in eine konfliktfreie Gesellschaft bewirken, gerade deshalb hat der Glaube die Kraft, in der Gegenwart Potenzen für die irdische Zukunft so freizusetzen, daß man, statt von ihr das Schlimmste befürchten zu müssen, auf sie ebenfalls hoffen darf. Es besteht Grund zur Hoffnung für unsere Arbeit an der weltlichen Zukunft. Fortschritt wäre *ohne* diese Hoffnung allenfalls zu definieren als eine Verringerung von Übeln in einer unendlichen Reihe von Übeln. Das ist auch etwas. Jede Verringerung von Übeln tut wohl – auch wenn die Reihe der Übel unendlich ist. Und die Politik wäre die schlechteste nicht, die – statt eine von Übeln freie Zukunft in Aussicht zu stellen – sich in aller Nüchternheit darauf konzentriert, in einer unendlichen Reihe von Übeln derer soviel wie möglich zu beseitigen. Doch der christliche Glaube setzt, weil er des göttlichen, und zwar des gnädigen Endes der als unendlich erscheinenden Reihe von Übeln gewiß ist, nun doch auch Hoffnung frei für ein politisches Handeln, das nicht nur in Reaktionen auf Übel- und Notstände besteht. Der christliche Glaube gibt dem politischen Handeln für die Zukunft durchaus konstruktive und konzeptionelle Grundzüge. Diese in ein politisches Programm zu überführen, kann aber nicht mehr Aufgabe der Theologie, muß vielmehr Aufgabe des politischen Geschäfts selber sein. Die Theologie formuliert *Zumutungen,* mehr nicht.

Ihre fundamentalste Zumutung für die politische Arbeit ist die Ermutigung zu *schöpferischer Nüchternheit.* Das ist nur scheinbar ein Paradox. Nüchternheit und Kreativität sollten im Politischen nicht auseinanderfallen. Beides ist gleichermaßen notwendig, insbesondere beim Umgang mit der Zukunft. Nach dem Möglichen suchend gilt es, schöpferisch zu sein. Das auch in Zukunft Unmögliche zu erkennen, bedarf es ungewöhnlicher Nüchternheit. Und von dieser Nüchternheit wiederum den Blick für das gerade noch Mögliche sich nicht verstellen zu lassen – das wäre in christlicher Verantwortung die *Kunst des Möglichen.*

Gewiß, der Mensch schafft keinen Himmel auf Erden. Aber der sinnvolle Gegensatz zum Himmel auf Erden ist keineswegs die Hölle auf Erden, obwohl wir de facto nicht wenig tun, um sie heraufzubeschwören. Der Glaube ermutigt dazu, sich die Erde so untertan zu machen, daß die Hölle auf Erden statt immer wahrscheinlicher immer unmöglicher wird. Insofern müßte der Glaube eine Art Exorzismus in Gang setzen, eine Art Dämonenaustreibung durch Wahrnehmung politischer Verantwortung. Um Dämonen zu erkennen, muß man aber schon mehr als nur sie erkannt haben. Nur von einem kommenden Besseren her läßt sich das Schlechte hoffnungsvoll bekämpfen. Von einem kommenden Besseren her gilt es, die Entdämonisierung des die Gegenwart bestimmenden Zukünftigen zu wagen. Der christliche Glaube hat der Dämonisierung des Zukünftigen deshalb schöpferische Vernunft entgegenzusetzen. Nicht nur reagierend oder gar resignierend, sondern auf den Fortschritt im Möglichen bedacht, gibt sich der Glaube selber den kategorischen Imperativ, jederzeit und überall dem Aberglauben durch Vernunft zu begegnen. Und indem die Theologie der Politik schöpferische Nüchternheit zumutet, mutet sie ihr zu, sich denselben kategorischen Imperativ zu geben. Ich will an einigen Problemen klarzumachen versuchen, wie das aussehen könnte.

V

Aberglaube im Sinne eines unverantwortlichen Umgangs mit der Zukunft kann auch theologisch und wissenschaftlich drapiert auftreten. Wir sind heute vor allem mit dem solchermaßen akademisch drapierten Aberglauben konfrontiert. Er bleibt gleichwohl Aberglaube.

Aberglaube in diesem Sinn ist z. B. die *theologische* Begründung der

Notwendigkeit von Klassenkämpfen in der Bundesrepublik. Was hier scheinbar theologisch begründet wird, ist in Wahrheit nichts anderes als eine Marotte verbürgerlichten politischen Köhlerglaubens, eines Köhlerglaubens freilich mit gefährlichen Implikationen. Es wird aber, wer solchen Aberglauben durchschaut, gerade nicht verkennen, daß es zur Aufgabe politischer Vernunft gehört, die unbestreitbaren Klassengegensätze in anderen Weltgegenden und zwischen den Weltgegenden selbst abzubauen. Was bei uns wenigstens ansatzweise möglich geworden ist, sollte woanders nicht unmöglich sein und mit Hilfe unserer eigenen Anstrengungen möglich werden. Ich bezweifle sogar, daß wir unsererseits dafür *Opfer* bringen müssen. Denn eine im Interesse der Selbsterhaltung vollzogene Selbstbegrenzung ist kein Opfer, sondern der angemessene Einsatz für einen dem Ganzen zugute kommenden Gewinn. – Die Verneinung von Klassenkampftheorien verdient also nur dann eine *wirksame* Bekämpfung von politischem Aberglauben genannt zu werden, wenn sie sich nicht in der Negation erschöpft.

Das gilt auch für die Bekämpfung des wissenschaftlich drapierten Aberglaubens, der in der Form sich endlos steigernder Naturausbeutung immer klarer durchschaut wird. Man ist sich heute darüber einig, daß dem technisch immer mächtiger werdenden Verstand Vernunft entgegenzusetzen ist. Aber auch in dieser Hinsicht ist es mit bloßer Negation nicht getan. Und die heute im Zusammenhang der ökologischen Krise vielfach zu hörende Forderung, der biblische Auftrag an den Menschen, sich die Erde untertan zu machen und über sie zu herrschen (1. Mose 1, 28), müsse angesichts seiner bedrohlichen Folgen zurückgenommen werden, die Forderung gar nach Beendigung von Herrschaft überhaupt, ist im Grunde nur eine andere Variante desselben Aberglaubens. Die neuerdings in diesem Zusammenhang immer stärker werdende Anregung, einer neuen Naturfrömmigkeit den Boden zu bereiten, spricht für sich. Dergleichen Anregungen und Forderungen sind Produkte eines aus Resignation geborenen Aberglaubens, der nicht so sehr Opium fürs Volk als vielmehr Opium für die „Intelligenz" ist. Es gibt keinen Weg zurück von der Unterwerfung der Natur unter die Macht des Menschen zur Unterwerfung des Menschen unter die Macht der Natur. Wohl aber gibt es die Möglichkeit einer weiterführenden Besinnung auf das Wesen von Herrschaft. Und hier hat die christliche Theologie etwas politisch Relevantes zu sagen. Der christliche Glaube bietet ein Verständnis von Herrschaft an, das es verbietet, Herrschaft mit Ausbeutung gleichzusetzen. Das scheinbare Gegenargument, daß auch und gerade im Namen des Christentums Herrschaft als Ausbeutung praktiziert wurde, kann dabei nur als Ansporn zu einem kritischeren Selbstverständnis des Glaubens dienen, der Gottes Herrschaft als Befreiung erfahren hat und deshalb Herrschaft nicht nur als die andere Seite von Knechtschaft kennt.

Das gilt zunächst grundlegend für den zwischenmenschlichen Bereich. Der so einleuchtende aristotelische Satz *Wo ein Herr ist, da muß notwendig ein Sklave sein* ist außer Kraft gesetzt worden durch die Tatsache, daß dem neutestamentlichen Bekenntnis *Herr ist Jesus* das Selbstbekenntnis erfahrener *Befreiung* entspricht. Wo Gott der Herr ist, gibt es keine Knechte, gibt es nur Befreiung von Knechtschaft. Gleichwohl bleibt Gott *der Herr:* der Herr von Freien. Und sein Herrsein erweist er eben darin, daß er den Menschen seinerseits – mit Luther formuliert – zu einem „freien Herrn aller Dinge" macht, der „niemandem untertan" ist. „Ein dienstbarer Knecht aller Dinge und jedermann untertan" ist der Christ nicht im Gegensatz zu seinem Herrsein, sondern gerade in Ausübung seines Herrseins – so wie Gott der Herr seine Hoheit gerade darin betätigte, daß er zugunsten der von ihm Beherrschten „sich selbst erniedrigte" (Phil. 2, 6–8). Herrschaft bewährt sich nach christlichem Verständnis in der Freiheit zum Dienst. Das gilt bis in den ökonomischen Bereich hinein, wie eine von Luther während einer Tischrede bekanntgegebene „oeconomiae regula" schön zeigt: „Der Herr muß selber sein der Knecht, will er's im Hause finden recht." Herrschaft impliziert also einen Anspruch an den Herrschenden, der es verhindern sollte, Herrschaft mit Ausbeutung identisch zu setzen. Es kann, aber es muß nicht so sein. Der Mißbrauch von Herrschaft sollte deshalb nicht durch Verzicht auf Herrschaft bekämpft werden. Ich halte folglich auch die heute vielfach erhobene Forderung nach herrschaftsfreien Räumen für abwegig. Der Verzicht auf Herrschaft zugunsten herrschaftsfreier Räume schafft allenfalls Freiräume für eine unkontrollierte Potenzierung von Herrschaft und Herrschaftsmißbrauch – wie ja schon im individuellen Lebensbereich der Verzicht auf Selbstbeherrschung noch keinen freien Menschen macht, sondern eher einen sich selbst hemmungslos unterworfenen Despoten.

Auch in ökologischer Hinsicht kann man nicht durch Destruktion der Herrschaft instrumenteller Vernunft über die Natur zurück zur Natur gelangen. Das dominium terrae bleibt dem Menschen vielmehr auch dann aufgegeben, wenn der Segen der Herrschaft über die Natur sich zum Fluch zu verkehren scheint. Es gilt vielmehr, die derzeitige Krise als den Fluch einer *guten* Tat zu erkennen, dem man nur durch eine Intensivierung der guten Tat der Herrschaft entrinnen kann. Dazu wird allerdings gehören müssen, die Herrschaft über die Erde so auszuüben, daß der Mensch die Herrschaft selber zu beherrschen lernt. Das scheint mir die dringlichste politische Zumutung im Blick auf die Zukunft zu sein: wir müssen es lernen, das Herrschen zu beherrschen und so zu herrschen. Die Alternative zur Destruktion von Herrschaft ist, soll die Zukunft uns nicht das Fürchten lehren, eine außerordentliche Anstrengung der Menschheit zu globaler Selbstbeherrschung. Es bedarf der globalen Anstrengung, die Herrschaft selber in ihrer Ausübung so beherrschen zu lernen, daß aus Imperium Dominium wird, aus einer als Selbstzweck sich vollziehenden Gewalt eine sich zugunsten ihres Objektes ebenso wie zugunsten ihres Subjektes vollziehende Gewalt. Der christliche Glaube mutet der politischen Verantwortung für die Zukunft dies zu: die Erde aus einem Weltimperium in ein Weltdominium zu verwandeln, in der alle Menschen gemeinsam „Herr im Haus" zu sein vermögen.

Eine solche Verwandlung imperialer Herrschaft in die als dominium terrae zu vollziehende Herrschaft gehört freilich nur dann zur Kunst des Möglichen, wenn der Mensch selber dazu fähig wird. Es bedarf einer Bildung des menschlichen Geistes, die es ihm erlaubt, mit den Fortschritten, die er erzeugt, selber so Schritt zu halten, daß er Herr seiner Werke bleibt. Ich möchte deshalb noch auf eine Form bildungspolitischen Aberglaubens eingehen, die die Zukunft zumindest genau so elementar bedroht wie der sich um die ökologische Krise rankende Aberglauben. Ich beschränke mich dabei auf Probleme der deutschen Universität, und auch hier vor allem auf Probleme der sogenannten geisteswissenschaftlichen Fachbereiche, die freilich symptomatischen Charakter haben.

VI

Die akademische Situation der deutschen Universität ist heute durch zwei gegenläufige Tendenzen bestimmt. Unter Studierenden häufen sich die Abwehrstellungen gegen das, was sie Leistungsdruck nennen. Es ist das die Folge einer Bildungspolitik, die – einem angeblichen Bildungsnotstand folgend – den Nachweis des Besuches einer Hochschule als eine Art Adelsersatz ohne Adelsverpflichtung anzusehen schien. Überlaut kann man heute an den deutschen Universitäten, jedenfalls in den sogenannten Geisteswissenschaften durchweg, die Forderung hören, daß die Lernmotivation über den Lehrinhalt (bis hin zu den Examina), nicht aber dieser über jene zu entscheiden habe. Der Protest gegen das sogenannte Leistungsdenken zugunsten eines gesellschaftlich ausgerichteten Studierens mag zwar gegen ein bloßes Fachidiotentum immunisieren. Aber an dessen Stelle droht in zunehmendem Maße ein akademisches Vollidiotentum zu treten, dessen Gemeingefährlichkeit deshalb gar nicht ernst genug eingeschätzt werden kann, weil sich aus der Menge der so Ausgebildeten schließlich die Gruppe der meinungsmachenden und bewußtseinsbildenden Kräfte der Gesellschaft rekrutieren wird. Die Universität hat zwar immer auch Scharlatane ausgebildet. Ihre derzeitige Struktur verführt sie jedoch dazu, dies mit Methode zu tun. Das Schlimme daran ist dies, daß man in der guten Absicht, möglichst jedem den Zugang zur Wissenschaft zu ermöglichen und *dadurch* der Dummheit zu wehren, genau das Gegenteil erreicht. Die Universität ist nur *eine* Schule gegen die Dummheit, und zwar eine sehr komplizierte. Wird sie als die *einzige* angesehen, dann nimmt ihre Kompliziertheit in einer Weise Schaden, daß am Ende nicht etwa einfache Klugheit steht, sondern Dummheit mit Methode. Verdummung ist schlimm. *Verdummung im Namen der Intelligenz* aber wäre chaotisch. Hochschulpolitik darf nicht dahin führen, daß ausgerechnet die Universität zur Urheberin eines solchen Chaos wird. Ich will hier kein Klagelied singen. Es gibt noch immer Lehrer und Forscher mit hinreichend guten Nerven, die sich im Rahmen ihrer Möglichkeiten der Tendenz zur Verdummung im Namen der Intelligenz widersetzen, und zwar aus allen politischen Richtungen. Aber sie bedürfen der Unterstützung durch den Gesetzgeber, der den Mut haben sollte, im Eifer der – ich betone es: *notwendigen* – Universitätsreform begangene Fehler einzugestehen und zu korrigieren. Es gibt Beispiele dafür, daß das möglich ist.

Die gegenläufige Tendenz, die die deutsche Universität der Zukunft bedroht, ist unschwer als ein Zwilling der zuvor genannten Bedrohung zu erkennen. Der studentische Protest gegen das sogenannte Fachidiotentum hat nämlich insoweit Recht, als mit einer Ausbildung, die sich darin erschöpft, für jeden Fall von Praxis die dazugehörige Theorie zu liefern, zwar Zukunft machbar ist – aber was für eine Zukunft! Die Universität wird mehr und mehr zur Konstruktionswerkstatt für genau die Theorien, die auf Praxis angewendet werden sollen. Wenn Wissenschaft aber nur noch nach dem Maß ihrer Anwendbarkeit interessant ist, dann werden wir mit Hilfe der Wissenschaft eine *geistlose Zukunft* machen. Es ist Aberglaube, daß man der Praxis nur durch theoretische Vorbereitung auf Praxis gerecht wird. Theorie, die sich darin erschöpfen muß, und Lehre, die nur Anwendbares und dann noch das Anwenden selbst lehren darf, bildet nicht Menschen, sondern verbildet Menschen zu homunculi. Die mögen dann zwar auf eine größtmögliche Zahl von Praxismodellen intellektuell dressiert sein. Doch der Praxis des Lebens selber werden sie gerade nicht gewachsen sein. Denn „Vielwisserei lehrt nicht, Vernunft zu haben" (Heraklit). In Wirklichkeit wird man der Praxis nur durch einen unverrechenbaren

Überschuß an Geist gerecht. Dessen natürlicher Ort sollte die deutsche Universität wieder werden.

Man kann das Problem, das ich deutlich machen will, auch etwas altmodischer formulieren: es geht darum, ob dem menschlichen Geist die Frage nach der *Wahrheit* auch dann gestattet sein wird, wenn sie keinerlei meßbaren oder sonstwie publizierbaren *Effekt* hat. Heute entscheiden in deutschen Hochschulen Effizienz und Effekt weitgehend über das, was der Anstrengung des Geistes für wert befunden wird. Selbst meine eigene Wissenschaft, die evangelische Theologie, die einst Weltruf hatte, weil sie in unbeirrbarer Strenge nach *Wahrheit* fragte, hat heute weithin nur noch insofern Weltruf, als sie auf Kosten der Wahrheit nach Effekten schielt. Erfreuliche Ausnahmen wirken eher als Bestätigung der Regel. Die Vernachlässigung der Wahrheitsfrage zugunsten des praktischen Nutzens oder gar des publizistischen Effektes macht aber auf die Dauer jede Tätigkeit des Geistes trivial und provinziell. Die Universitäten sind von der Gefahr bedroht, dem Provinziellen zu globaler Geltung zu verhelfen. Soll, das wird sich jeder für die Bildung des Menschen Verantwortliche fragen müssen, soll die globale Provinzialisierung des Geistes unsere Zukunft sein? Wer es vermeiden will, der wird die Zukunft noch einmal als ein Abenteuer mit der Wahrheit wagen müssen. Arbeit allein um der Wahrheit willen ist freilich ein Luxus. Aber ohne diesen Luxus wird selbst der Fortschritt in die Freiheit unmenschlich sein. Die Wahrheit wird uns frei machen (Joh. 8,32). *Mehr Mut zur Wahrheit* sollte deshalb für Theorie und Praxis die Forderung sein, mit der wir uns auf die Zukunft einstellen. Wir brauchen für die Theorie den Mut, uns die Zeit zu gönnen, nach Wahrheit zu suchen. Und wir brauchen für die Praxis den Mut, zu keiner Zeit mit der Wahrheit hinter dem Berge zu halten. Mit der Wahrheit schließt man keine Kompromisse. Wo es dennoch geschieht, gehört die Zukunft dem Aberglauben.

VII

Lassen Sie mich zum Schluß von der Abwehr des Aberglaubens noch einmal auf den Glauben selber zurückkommen: auf eine Wahrheit des Glaubens, die im Zusammenhang mit der um die evangelische Kirche in Berlin entstandenen Erregung vor einem evangelischen Arbeitskreis der CDU/CSU auszusprechen ich für unerläßlich halte.

Die politische Erregung, die da entstanden ist, hat vielerlei Gründe, die keineswegs einfach in Berlin zu lokalisieren sind. Die evangelische Theologie wird sich zum Beispiel sehr genau zu prüfen haben, ob sie gut daran getan hat, mit dem Begriff der Revolution so großzügig umzugehen, wie es in den letzten Jahren geschehen ist. Sie wird sich aber vor allem zu prüfen haben, ob sie die politische Dimension der Theologie nicht in eine theologische Dimension des Politischen zu verkehren im Begriffe ist und dadurch selber dem Aberglauben Tür und Tor öffnet. Die Zukunft des Verhältnisses von Politik und Theologie, Gesellschaft und Kirche, wird nicht zuletzt davon abhängen, ob es gelingt, die weltliche Funktion des geistlichen Auftrages der Kirche richtig zu bestimmen. Dazu bedarf es einiger Geduld und auch einiger – Aufklärung.

Der große konservative Rechtsgelehrte Carl Schmitt hat neuerdings noch einmal *für* eine christliche *politische Theologie* geltend gemacht, daß es keine säuberliche „Trennung von rein-Theologisch und unrein-Politisch" gebe. Die „Wirklichkeit des konkreten geschichtlichen Geschehens" sei vielmehr immer eine „Geistlich-Weltlich gemischte Wirklichkeit"[1]. Die Behauptung ist nicht gut zu bestreiten. Und so ist es denn auch nicht gut zu bestreiten, daß der Mensch niemals abstrakt vor Gott existiert, losgelöst aus seinen weltlichen Bezügen. In diesem Sinne wird man auch die am Anfang dieses Vortrags geltend gemachte anthropologische Unterscheidung zwischen dem Menschen als Person und dem Menschen als Täter seiner – ja auch auf ihn selbst zurückwirkenden – Taten nicht abstrakt verstehen dürfen. Weltlich geurteilt ist der Zusammenhang zwischen der Person und ihren Taten unlösbar, weshalb ja eben auch die Person für ihre Taten zur Verantwortung gezogen wird. Der Mensch kann von sich aus diesem unlösbaren Zusammenhang nur durch Selbstzerstörung entrinnen.

Doch der christliche Glaube steht und fällt mit der Vollmacht, den Menschen innerhalb dieses weltlich unlösbaren Zusammenhangs von Person und Tat im Namen Gottes so anzusprechen, daß er von seinen Taten geistlich unterscheidbar wird. Der christliche Glaube steht und fällt damit, daß er es wagt, in dem Täter die Person ernst zu nehmen. *Das* heißt Rechtfertigung des Sünders. Sie verbietet es, die beste Tat ebenso wie die schlimmste Untat mit dem Ich zu identifizieren, das sie tat. Wie es vor Gott eben deshalb keinen *Ruhm* gibt, weil Gott sich weigert, den Menschen mit seinen *gelungenen Leistungen* gleichzusetzen, so verwehrt es Gott im negativen Fall, die *unmenschliche Tat* kategorial so auszuweiten, daß ihr Subjekt nur und ausschließlich unter sein unmenschliches Tun subsumiert wird. Der Glaube verbietet das selbst dann, wenn die betroffene Person selber sich so mit ihrem Tun identi-

---

[1] Carl Schmitt, Politische Theologie II. Die Legende von der Erledigung jeder politischen Theologie, 1970, S. 82.

fiziert, daß sie darin aufzugehen wünscht. Der Glaube spricht den Menschen vielmehr so an, daß er auch dann als eine von ihren Taten unterscheidbare Person ernst zu nehmen ist, wenn er sich selber dafür unansprechbar macht. Die Person ist gegenüber ihren Taten ein Selbstwert. Ihr gehört die letzte Zukunft. Und das gilt es bereits in der Gegenwart zu respektieren. Es war deshalb de facto die Realisierung einer Zumutung des christlichen Glaubens, als der Gesetzgeber die die Person vernichtende Todesstrafe abschaffte. Er hat damit die Einsicht respektiert, daß es in unserem Sprachgebrauch eigentlich nur die *Kategorie der unmenschlichen Tat* geben sollte. Die *Kategorie des Unmenschen* hingegen ist, theologisch geurteilt, selber eine unmenschliche Kategorie. Erst so wird es ethisch überhaupt sinnvoll, eine Person für ihre Taten verantwortlich zu machen. Einen „*Unmenschen*" für unmenschliche Taten zur Verantwortung zu ziehen ist sinnlos. Einen *Menschen* hingegen muß man, wenn anders man ihn menschlich ernst nimmt, für unmenschliche Taten zur Verantwortung ziehen. Es gibt deshalb auch keine ethisch überzeugendere Verurteilung des Terrors, der Leben zerstört, als den Schutz des Lebens jeder Person, auch der des Terroristen.[1]

Auch das ist eine Zumutung des Evangeliums an den Gesetzgeber. Inwieweit der Staat sie erträgt, respektiert oder gar verwirklicht, hat er selbst zu entscheiden. Die christliche Kirche aber wird niemals zögern dürfen, solche Zumutungen auszusprechen und da zu verwirklichen, wo es ihres Amtes ist. Sie macht sich nicht zur Sympathisantin von Terroristen, wenn sie auch ihnen gegenüber ihres Amtes waltet. Sie plädiert damit auch keineswegs für eine „Theologie der Revolution" oder dergleichen. Es gilt auch hier, das Unterscheiden neu zu lernen. Ich habe die „Theologie der Revolution" immer für den Ausdruck einer theologischen Intelligenzkrise gehalten, die freilich gerade, weil sie eine pseudopolitische Praxis intendiert, in ihren Folgen gefährlich werden kann. Gefährlich vor allem, weil solche Theorien notwendig irgendwann mit ihrer eigenen Folgenlosigkeit konfrontiert werden und aus der Erfahrung solcher frustrierenden Konfrontation mit der Folgenlosigkeit einer doch so sehr auf praktische Folgen bedachten Theorie nur gar zu leicht die nicht mehr zu verantwortende Tat entsteht. Dies ausdrücklich in Erinnerung gerufen, muß nun aber erst recht von dem *geistlichen Recht* der Kirche die Rede sein, Menschen inmit-

---

[1] Im Zusammenhang des Hungerstreiks der zur Baader-Meinhof-Gruppe gehörenden Untersuchungsgefangenen und des während dieses Hungerstreiks eingetretenen Todes des Häftlings Holger Meins war mehrfach die Forderung erhoben worden, die staatliche Fürsorgepflicht für das Leben der sich selbst schädigenden Häftlinge zu begrenzen oder gar aufzuheben.

ten ihrer selbstverschuldeten Schande und ihres selbstverschuldeten Elends auf den weltlich unlösbaren Zusammenhang mit ihren schrecklichen Taten so anzusprechen, daß auch die für solche Taten verantwortliche Person ein von ihren Taten unterscheidbarer Selbstwert bleibt oder allererst wieder wird. Dem Bischof einer die Rechtfertigung des Sünders verkündigenden Kirche die Ausführung dieses geistlichen Rechtes zum Vorwurf zu machen heißt: ihn zu geistlicher Pflichtverletzung zu verführen. Das mag tagespolitisch wirksam sein.[1] Aber solche Wirksamkeit ist auch in diesem Fall nicht das Kriterium der Wahrheit.

Es kommt also darauf an, inmitten der immer nur geistlich-weltlich gemischten Wirklichkeit das Geistliche am Weltlichen so zur Sprache zu bringen, daß es unmöglich werden sollte, sich selbst oder irgendeinen anderen Menschen als einen hoffnungslosen Fall aufzugeben. Es kommt darauf an, zwischen Politik und Theologie so zu unterscheiden, daß das Evangelium als *Zumutung* für die Gesetzgebung und für die Praktizierung des Gesetzes dringlich wird, ohne daß das Evangelium selber dabei zum Gesetz wird. Die geistlich-weltlich gemischte Wirklichkeit braucht beides: sie braucht weltliche *und* geistliche Pflege, wenn sie Zukunft und wir in ihr Hoffnung haben sollen. Auch die geistlich-weltlich gemischte Wirklichkeit hat ihre Schätze nur in irdenen Gefäßen, die eben deshalb *doppelter* Pflege bedürftig sind.

Wir können es uns also gar nicht leisten, die geistliche Verantwortung für den Menschen durch politische Verantwortung für den Menschen zu ersetzen. Wir können uns auch das Umgekehrte nicht leisten. Wir können uns nicht einmal die Beziehungslosigkeit zwischen theologischer und politischer Weltverantwortung leisten. Theologie und Politik haben aber, wenn sie sich aufeinander beziehen, gerade auf ihre je eigene und eigenständige Verantwortung bedacht zu sein, um so der Welt *zweifache* Pflege angedeihen zu lassen. Die Welt braucht die doppelte, die weltliche *und* die geistliche Pflege. Denn – um es, wie es sich für den Abschied von einer Narrenrolle geziemt, mit einem sehr ernsten Satz aus einer Komödie zu sagen – „es sind, Euer Gnaden, die irdischen Dinge sehr gebrechlich".

---

[1] Der evangelische Bischof von Berlin D. Kurt Scharf war wegen seines Besuches bei der verhafteten Ulrike Meinhof in der Presse scharf kritisiert und zum Teil gehässig diffamiert worden. Ähnlichen Angriffen waren auch andere Mitarbeiter der evangelischen Kirche in Berlin ausgesetzt.

Helmut Gollwitzer

Auf den linken Pfad geschmeichelt

Der Evangelische Arbeitskreis der CDU/CSU konnte sich glücklich schätzen, als es ihm gelang, für seine 15. Bundestagung im Dezember 1974 in Mainz als theologischen Referenten einen der beachtetsten Vertreter der jüngeren deutschen Theologen-Generation, Eberhard Jüngel (Tübingen), für einen Vortrag über „Zukunft und Hoffnung" zu gewinnen. Auf den Leser dieses Vortrags wartet eine nicht unbeträchtliche Überraschung: Jüngels Vortrag enthält auf einigen seiner Seiten nichts Geringeres als Ausführungen über Ziel und Notwendigkeit der sozialistischen Revolution – und dies, ohne daß offenbar Hörer und Redner es gemerkt haben. Fürwahr ein „buchenswertes Ereignis", um „Lotte in Weimar" zu zitieren (oder genauer: um im Zitieren aus „Lotte in Weimar" nicht hinter dem Redner zurückzustehen)!

Über den dieser Überraschung vorhergehenden Teil des Vortrages sei hier nur kurz referiert – aus Raumgründen und nicht etwa, weil die dort entwickelten Gedanken unwichtig wären. Es wird nach dem christlichen Verständnis von Zukunft und Hoffnung gefragt, von daher unsere letzte Zukunft, die wir nur empfangen können, von der innerzeitlichen Zukunft unterschieden, die wir durch unsere Taten mitgestalten, also (mit Nennung Bonhoeffers) das Letzte vom Vorletzten. Daraus ergibt sich eine politische Funktion des christlichen Glaubens, über die die Theologie zu wachen hat: sie hat, wie Jüngel sich ausdrückt, der Verkehrung der nicht zu bestreitenden „politischen Dimension des Theologischen in eine theologische Dimension des Politischen" zu wehren. Die eben genannten Unterscheidungen sind „das eigentlich Politische am christlichen Glauben und seiner Hoffnung". Denn durch sie wird der Selbstwert der Person gegenüber ihren Taten gewahrt, damit die Verhärtung politischer Gegensätze in einen absoluten Freund-Feind-Gegensatz verhindert und zwischen Glauben und Aberglauben unterschieden, d. h. zwischen dem auf das allein von Gott zu besorgende Heil sich richtenden Glauben und unseren in nüchterner Vernunft zu diskutierenden politischen Überzeugungen, die nicht abergläubisch zu Heilslehren erhöht werden dürfen.

Das alles ist, wie man sieht, nicht neu und hält sich im Rahmen gut lutherischer Tradition – was keineswegs ein Einwand ist. Denn gerade diese Unterscheidungen sind dasjenige Moment der lutherischen Zwei-Reiche-Lehre, das auch Kritiker wie Karl Barth immer festgehalten haben. Man wird freilich die Tragweite dieses Beitrags der Theologie zum politischen Leben nicht überschätzen dürfen. Zum einen handelt es sich dabei vor allem um eine Selbstzügelung von Theologie und Kirche; wenn sie zu allen ideologiebesessenen Hetzern nicht auch noch fanatische und fanatisierende Pfaffen liefert, so ist das entschieden lobenswert. Nicht weniger nützlich ist die allgemein menschliche Anleitung, in der Politik nicht Glaubensbekenntnisse als Waffe zu benützen, sondern vernünftig zu diskutieren. Feines Taktgefühl verbietet dem Redner allerdings, in diesem Zusammenhange Beispiele zu wählen, die seine Hörer verletzen könnten, also etwa die Wahl des großen C zum Parteinamen oder die Verwendung von Hirtenbriefen und Beichtstühlen zur Wählerbeeinflussung. Dies alles waren ja Unterlassungen der vom Redner geforderten Unterscheidung, ohne die die Partei jenes evangelischen Arbeitskreises seit 1949 kaum zur Regierungspartei geworden wäre und ohne die die Geschichte der Bundesrepublik vermutlich anders verlaufen wäre.

Hervorzuheben ist, daß Jüngel vor diesem Hörerkreis für den von der CDU-nahen Presse wegen seiner Gefängnisbesuche so schmählich angegriffenen Bischof Kurt Scharf eingetreten ist. Die beiden Berliner kirchlichen Mitarbeiter – eine Sozialarbeiterin und einen Vikar –, die von Justiz und Presse noch schlimmer geschädigt worden sind, hat er dabei leider nicht erwähnt.

Der Redner sucht sich seine Beispiele lieber in einer Richtung, in der er des Beifalls seines Hörerkreises sicher sein kann. So wählt er als Beispiel für den vom echten Glauben abgewehrten Aberglauben die Meinung, „der Mensch könne so etwas wie einen absoluten Fortschritt, so etwas wie einen qualitativen Sprung in eine konfliktfreie Gesellschaft bewirken". Und jeder Hörer assoziiert das natürlich als eine Abfuhr für den Marxismus, da ja jedermann weiß und auch aus Hirtenbriefen und Kirchenerklärungen immer neu bestätigt bekommt, daß Marxisten Anhänger einer politischen Heilslehre sind, die mit dem Evangelium nicht zu vereinbaren ist. Da in unseren Breiten die Kenntnis von Marx, Lenin oder Mao Tse Tung nicht zur Allgemeinbildung gehört, kann der Redner, falls er es selber besser weiß, voraussetzen, daß seinen Hörern nicht bekannt ist, daß kein ernst zu nehmender marxistischer Theoretiker die angestrebte klassenlose Gesellschaft für eine konfliktfreie Gesellschaft gehalten hat. Beseitig würden in ihr nur bestimmte Allgemeinkonflikte (marxistisch: antagonistische Klassenkonflikte) mit ihren verheerenden Folgen sein (also ungefähr solche, wie sie Jüngel selbst in seinen gleich zu besprechenden Forderungen beseitigt sehen will), nicht aber allerlei sonst mögliche individuelle und strukturelle Konflikte. Es ist eine übliche Waffe der bürgerlichen Abwehr gegen den Marxismus, diesen als Paradiesutopie hinzustellen, und siehe da, dafür kann sich auch die theologische Aberglaubenskritik zur Verfügung stellen, wenn man Aufklärung über Marxismus unterläßt.

Weiter muß man bedenken, daß mit der Vermeidung von Verabsolutierungen, zu der die Theologie beitragen soll, die politischen und sozialen Kämpfe keineswegs automatisch ihre Härte verlieren. Den Theologen liegt dieser Irrtum nahe, weil sie sich – durch ihre Standesposition den Interessenkämpfen scheinbar entnommen – besser auf der Ebene der ideologischen Kämpfe auskennen als auf der Ebene der Interessenkämpfe. Deren Eigengesetzlichkeit trägt eine Brutalität in sich, die nicht erst durch ideologische Überhöhung erzeugt werden muß. Man nehme zwei Politiker, die für nichtideologisierte Politik gern als Beispiel dienen: Bismarck (vom Redner gleich zu Anfang zitiert) und John F. Kennedy. Kanonen in Bismarcks Kriegen waren nicht weniger mörderisch als Kanonen im Dienste von Ideologien, und die auf Kennedys Befehl zur Bekämpfung von Freiheitsbewegungen aufgestellten „Green Berets" ließen sich an Brutalität von keinem Ideologenkommando übertreffen. Wenn wir, wie wir es sollen, dafür sorgen, daß keine Atombombe mehr mit christlichem Gebet eingesegnet wird, so wird es deswegen keine einzige Atombombe weniger geben. Denn hier sind gewaltige Macht- und Herrschaftsinteressen auf dem Plan, die sich der Heilsideologien bedienen, in ihnen aber nicht ihre Wurzel haben. Nach dieser Wurzel zu fragen, also den realen Ursachen der großen Konflikte nachzuspüren – hat zu dieser wichtigen Aufgabe auch die Theologie etwas beizutragen, z. B. durch selbstkritische Entlarvung der kirchlichen Verflechtung in auf dem Spiele stehenden Interessen? Diese Richtung wird von der Ideologiekritik Jüngels nicht eingeschlagen, obwohl diesbezüglich gerade diesem Hörerkreis einiges Erwägenswerte zu sagen gewesen wäre.

Jene Unterscheidungen stellen einen unerläßlichen, aber in Negationen verharrenden Dienst der Theologie an der Politik dar. Karl Barth wollte darüber hinaus auch zu positiven Anregungen für die Politik vorstoßen. Für Jüngel wie für Barth bedeutet die Unterscheidung von ewigem Heil und irdischem Wohl keineswegs die Dispensation der Kirche von der Sorge um das irdische Wohl der Menschen, im Gegenteil: „Wo erfahren wird, daß Gott für das Heil des Menschen alles getan hat, da kann man für das Wohl des Menschen gar nicht genug tun". So ist, wie Jüngel sagt, der Kampf für den Fortschritt „zu definieren als eine Verringerung von Übeln in einer unendlichen Reihe von Übeln", und Aufgabe der Politik ist, „in einer unendlichen Reihe von Übeln derer soviel wie möglich zu beseitigen". „Der christliche Glaube gibt dem politischen Handeln für die Zukunft durchaus konstruktive und konzeptionelle Grundzüge". In deren Linie liegt offenbar die erwähnte Überraschung, die sich an diese guten Sätze anschließt und die freilich aus ihrer Verpackung erst herauspräpariert werden muß.

Jüngel kommt auf das gesellschaftliche Problem von Herrschaft zu sprechen, und zwar von Herrschaft von Menschen über Menschen wie von Herrschaft des Menschen über die Natur. Dafür leitet er aus dem christlichen Glauben, und zwar durchaus christologisch (mit Zitierung von Phil. 2, 6–8), ein Verständnis von Herrschaft ab, „das es verbietet, Herrschaft mit Ausbeutung gleichzusetzen". Er gewinnt daraus die Vision und die Forderung einer Gesellschaft, in der Herrschaft von Ausbeutung gelöst ist und sich bewährt „in der Freiheit zum Dienst". Das gipfelt in der Formulierung: „Der christliche Glaube mutet der politischen Verantwortung für die Zukunft dies zu: die Erde aus einem Weltimperium in ein Weltdominium zu verwandeln, in dem alle Menschen gemeinsam ‚Herr im Haus' zu sein vermögen." Das ist unzweifelhaft eine sozialistische Zielsetzung, wie sie besser nicht formuliert werden kann, und man beachte auch, daß sie von Jüngel direkt aus dem christlichen Glauben hergeleitet wird. Ein Christ muß also nach Jüngel Sozialist sein.

Denn Herrschaft muß, um Dienst sein zu können, um sich rein durch ihre Dienstfunktion für die anderen Menschen und für das Gemeinwohl legitimieren zu können, von Ausbeutung gelöst werden. Ausbeutung geschieht, wo fremde Arbeitskraft ohne äquivalentes Entgelt ausgenützt wird und wo die Produkte der gesellschaftlichen Arbeit ungleich angeeignet werden; mit Ausbeutung verbundene Herrschaft dient dazu, diese Ausnützung und ungleiche Aneignung durchzusetzen und zu sichern.

Mit dieser Definition ist der Begriff Ausbeutung möglichst objektiviert und von seinem moralischen Degout befreit. Jüngels Ausführungen sind an dieser Stelle leider ziemlich konfus. Er polemisiert dagegen, „Herrschaft mit Ausbeutung gleichzusetzen". Welcher Vernünftige hat das denn je getan? Beides sind natürlich ganz verschiedene Dinge. Herrschaft ist nach Max Webers bekannter Definition (Wirtschaft und Gesellschaft", Studienausgabe 1964, 138) „die Chance, für einen Befehl bestimmten Inhalts bei angebbaren Personen Gehorsam zu finden". Ein solches Verhältnis – man vergleiche verschiedenste Herrschaftssituationen: Abt im Kloster, der alte Borsig als „Herr im Hause", Chirurg bei der Operation, Expeditionsführer am Südpol, Leutnant beim Sturmangriff, Kommandant eines KZ, Kapitän auf hoher See – kann für die verschiedensten Interessen eingesetzt und nach ihnen modifiziert werden. Wenn der Herrschende sich dabei als der „erste Diener des Staates" fühlt und benimmt, so kann das derjenigen Größe, für die ein Herrschaftsverhältnis eingesetzt wird, nur nützlich sein, ändert aber an dieser Größe nichts, sei sie ein Kloster oder ein Bauernhof oder ein kapitalistischer Konzern. Herrschaft muß, wie die Beispiele zeigen, keineswegs mit Ausbeutung verbunden sein, wohl aber Ausbeutung zuallermeist mit Herrschaft, und zwar mit einer zu harten physischen Sanktionen fähigen Herrschaft, schlicht deswegen, weil höchstens Individuen und auch diese nur selten sich – etwa aus Nächstenliebe oder Gutmütigkeit – freiwillig ausbeuten lassen, nicht aber ganze Bevölkerungen.

Unbestreitbar hat politische Herrschaft in der Menschheitsgeschichte zum weitaus größten Teil – wenn nicht nur, so doch auch – solcher Ausbeutung gedient. Daß dies auch heute noch der Fall ist, gesteht Jüngel zu, wenn er sagt, „daß es zur Aufgabe politischer Vernunft gehört, die unbestreitbaren Klassengegensätze in anderen Weltgegenden und zwischen den Weltgegenden selbst abzubauen". Er berührt damit unser Verflochtensein in Ausbeutungsherrschaft, sofern es bekanntlich unsere Weltgegend ist, die ihren Lebensstandard der Ausbeutung anderer Weltgegenden und der Erhaltung von Klassengegensätzen in anderen Weltgegenden, also dem Kolonialismus, Neokolonialismus und Imperialismus verdankt. Ebenso unbestreitbar ist aber, daß das kapitalistische System auch bei uns auf jener Ausnützung und ungleichen Aneignung beruht und daß unsere politischen Herrschaftsformen der Erhaltung dieses Systems dienen. Das nach Jüngel vom christlichen Glauben der politischen Verantwortung zugemutete Ziel der klassenlosen Gesellschaft, in der Herrschaft von Ausbeutung gelöst ist, schließt also die Forderung des antikapitalistischen und antiimperialistischen Kampfes in sich.

Das Ziel bekommt seine Notwendigkeit durch die ökologische Bedrohung unserer Zukunft. Jüngel sagt mit Recht, es gebe keinen Weg zurück hinter die Unterwerfung der Natur durch die menschliche Arbeit in eine neue „Naturfrömmigkeit", wohl aber sei es notwendig, „die Herrschaft über die Erde so auszuüben, daß der Mensch die Herrschaft selber zu beherrschen lernt. Das scheint mir die dringlichste politische Zumutung im Blick auf die Zukunft zu sein: wir müssen es lernen, das Herrschen zu beherrschen", also „eine außerordentliche Anstrengung der Menschheit zu globaler Selbstbeherrschung".

Es ist jedem Kenner deutlich, daß es sich genau darum bei der Alternative von Kapitalismus und Sozialismus handelt. Die kapitalistische

Produktionsweise sowohl in Gestalt der freien Marktwirtschaft, also des Konkurrenzkapitalismus, wie in Gestalt des Monopolkapitalismus, also der Konkurrenz *und* der Abspracheregelungen der multinationalen Konzerne, ist grundsätzlich eine nicht nach den Interessen des Gemeinwohls beherrschte, von Instanzen des Gemeinwohls kontrollierte Wirtschaftsweise. Steuerungsmaßnahmen des Staates können einige Auswüchse verhindern, sind aber viel zu eng begrenzt. Daß sie bei Fortdauer der kapitalistischen Produktionsweise nicht zu der von Jüngel geforderten Beherrschung führen können, ist heute am Tage.

Ohne daß dies alles hier im einzelnen ausgeführt werden kann – auf die vielen Untersuchungen zu den „Klassengegensätzen zwischen den Weltgegenden", also zum Phänomen des Imperialismus und zum Verhältnis von Kapitalismus und Technologie kann ich hier nur gerade hinweisen – der tiefe qualitative Gegensatz zwischen einer von massenhafter Unterdrückung, von ausbeutungssichernder Herrschaft, von hemmungsloser Naturausbeutung, von unkontrollierten Multis, von zunehmendem Abstand zwischen Hunger- und Wohlstandsländern gekennzeichneten Gesellschaft und einer Gesellschaft, die Herrschaft von Ausbeutung loslöst und keine Knechtschaft, sondern nur noch funktionale Subordination kennt, die ihre Naturbeherrschung aus einer ausbeutenden in eine pflegende verwandelt und in der „alle Menschen gemeinsam ‚Herr im Haus' zu sein vermögen", ist offenkundig ein revolutionärer Gegensatz. Der Übergang von der einen Gesellschaft zur anderen ist eine veritable Revolution – wenn überhaupt eine historische Veränderung Revolution zu heißen verdient, dann diese. Ob diese Revolution uns anstelle des drohenden – und vielleicht schon nicht mehr nur drohenden – Untergangs in Barbarei möglich sein wird, ob sie sich in heftigen Umbrüchen oder evolutionär in aufeinanderfolgenden Schritten vollziehen wird, ob mit irregulärer Gewalt verbunden oder nur durch die legale Gewalt des Stimmzettels, das alles hängt von Umständen ab, über die wir nicht verfügen und die von Land zu Land verschieden sein mögen. Jüngel deutet auch mit Recht an, daß es sich nicht nur um eine Revolution in *einem* Lande handelt, sondern um eine „globale Anstrengung". Es geht also um die sozialistische Weltrevolution.

Die qualitativ andere, von Ausbeutung des Menschen und der Natur befreite Gesellschaft ist für Jüngel auch keineswegs ein schöner Traum, sondern „die dringlichste politische Zumutung", und da Jüngel weiß, daß politische Aufgaben nur durch politischen Kampf gelöst werden können – er spricht ja vor dem Arbeitskreis einer Partei, also einer politischen Kampfgemeinschaft –, so ist also das Fazit aus diesem Teil seines Vortrages: Der christliche Glaube befreit uns, unsere Vernunft und unseren Willen zum Kampf für die sozialistische Weltrevolution, für eine ausbeutungsfreie, das Herrschen beherrschende Gesellschaft. Man wird mir bei Nachprüfung hoffentlich zugeben: dieses Fazit ist nicht durch Tricks oder Unterstellungen gewonnen, sondern nur dadurch, daß ich tat, was der Redner selbst wünschen wird: Ich habe diesen Abschnitt seines Vortrags nicht als hohle Phrase, sondern wörtlich ernst genommen und seine beiden Postulate – Herrschaft nicht Ausbeutung, sondern Dienst, und kollektives Beherrschen unseres Herrschens – zu gesellschaftlichen Bestimmungen konkretisiert. Da Jüngel von der künftigen Menschheitsgesellschaft handelt, müssen jene beiden Postulate ja nicht (nicht nur) als individuelle Tugendlehre, sondern als Gesellschaftsentwurf verstanden werden. Die Überraschung hat ihren Grund allerdings darin, daß Jüngel es sich erspart hat, über das Verhältnis von Tugenden und Gesellschaftsrelationen nachzudenken. Wer sind denn in seinen Sätzen die „Wir" (Wir müssen es lernen...") und „die Menschheit" als Subjekt von „Selbstbeherrschung"?

Die zweite Überraschung: weder Hörer noch Redner scheinen erfaßt zu haben, was in diesem Vortrag gesagt worden ist, freilich ohne die – sachentsprechenden! – Reizworte, mit denen ich das Fazit hier nackt herauspräpariert habe. Die Hörer haben, wie ich höre, Beifall geklatscht, also nicht geahnt, daß ihnen hier von einem staatlich beamteten Professor die Forderung radikaler Systemüberwindung vorgesetzt worden ist; ihnen, die doch die Verletzung des Grundgesetzes nicht scheuen, wenn es darum geht, „Systemüberwinder" aus dem öffentlichen Dienst herauszuhalten. Wie schön wäre es, wenn man wenigstens sicher sein könnte, daß der Redner selbst sich über das Fazit seiner Ausführungen klar gewesen ist und jene Reizworte nur vermieden hat, um auf eine höchst listige und subversive Weise seine an Linksphobie leidenden Hörer auf den linken Pfad hinüberzuschmeicheln. Dann wäre die einseitige Polemik gegen links, die das ganze Referat durchzieht, nur geschickte Tarnung, und als von diesen polemischen Seitenhieben Getroffener müßte man um der guten Sache willen bereit sein, das hinzunehmen. Leider erhält sich diese Hoffnung nicht. Beim mehrmaligen Lesen verstärkt sich der Eindruck, daß auch der Redner nicht weiß oder nicht wahrhaben will, was er sagt, und daß seine Polemik eine Absage ist an diejenigen, die – auch als Christen und Theologen – in der Richtung seiner dringlichsten politischen Zumutung ernsthaft theoretisch und praktisch arbeiten.

Seltsam ist schon der erste Satz, mit dem er den hier von mir auf seinen Begriff gebrachten Abschnitt einleitet: „Aberglaube in diesem (nämlich „theologisch und wissenschaftlich drapierten") Sinn ist die theologische Begründung der Notwendigkeit von Klassenkämpfen in der Bundesrepublik". Vorerst finde ich diese „Marotte" nur in Jüngels Phantasie; denn ob sonst ein Köhlergläubiger sich an ein so komisches Unternehmen gemacht hat, weiß ich nicht zu ermitteln. Herauszubringen, ob und inwiefern es Klassengegensätze auch in der Bundesrepublik und nicht nur, wie Jüngel meint, „in anderen Weltgegenden" gibt, ist Aufgabe nicht der Theologie, sondern der Gesellschaftsanalyse. Sollte es solche Gegensätze geben, braucht die „Notwendigkeit von Klassenkämpfen" nicht noch eigens „begründet" zu werden; denn diese sind mit den Klassengegensätzen unvermeidlich mitgegeben. Ob und wie Christen und Kirchen in diesen Klassenkämpfen faktisch Partei ergreifen und ob und wie sie Partei ergreifen sollen, das ist freilich eine Frage, um die sich Theologie nur zu ihrem eigenen Schaden herumdrücken kann. Die Notwendigkeit der Überwindung der Klassengegensätze hat, wie wir gesehen haben, Jüngel selbst „theologisch begründet". Wie er solche Überwindung mit der von ihm geforderten „Verneinung von Klassenkampftheorien" schaffen will, mag er selber beantworten, und wenn er – in einem Monat, in dem die Arbeitslosenzahl auf 800 000 gestiegen ist – meint, wir hätten in der Bundesrepublik schon die klassenlose Gesellschaft erreicht, so muß er das wohl oder übel gesellschaftsanalytisch beweisen.

Wie fern ihm das liegt, zeigt im gleichen Abschnitt sein Zitat eines Sprichworts aus Luthers Tischreden: „Der Herr muß selber sein der Knecht, will er's im Haus finden recht". Das ist unverkennbar ein Spruch der Lebensweisheit, besonders der Geschäftsweisheit. Aber wenn ein Bauer sich zehnmal mehr abrackert als sein Knecht, und wenn ein Manager zehnmal mehr vom Herzinfarkt bedroht sein sollte als ein ungelernter Arbeiter, so ist damit natürlich das Ausbeutungsverhältnis nicht im geringsten aufgehoben. Jüngel macht aus dieser Weisheit der Geschäftserfahrung einen moralischen Leitsatz, nämlich „einen Anspruch an den Herrschenden, der es verhindern sollte, Herrschaft mit Ausbeutung identisch zu setzen". Die Differenz des Interesses bei der Frage der Arbeitsmoral von Herr und Knecht ist für den Ethiker Jüngel unerheblich.

Bei den Ausführungen über die Lage der Universitäten beklagt Jüngel: „Heute entscheiden in deutschen Hochschulen Effizienz und Effekt weitgehend über das, was der Anstrengung des Geistes für wert befunden wird", und er attestiert mit Recht dem damit produzierten akademischen „Vollidiotentum" „Gemeingefährlichkeit". Ihm ist aber offenbar noch nicht der Gedanke gekommen, daß jede Gesellschaft sich die Universität baut, die sie braucht, und daß es für die hochkapitalistische Gesellschaft, die Wissenschaft als entscheidende Produktivkraft einsetzt, Gründe gibt, auch in den geisteswissenschaftlichen Fächern durch Regelstudium Drill-Lehrer für Drill-Schulen heranzuziehen, also, um Jüngels Worte zu gebrauchen, nicht „Menschen zu bilden", sondern „Menschen zu homunculi zu verbilden" und für den Luxus der Wahrheitsfrage immer weniger Geld auszugeben. Hätte sich Jüngel – was er leider nicht getan hat – mit den Studenten verbündet, die diese Entwicklung früh erkannt und – leider ohnmächtig – bekämpft haben, wäre ihm der Zusammenhang von Universität und Gesellschaft nicht undurchschaut geblieben.

Ist es eigentlich so schwer einzusehen, daß die Verbildung von Menschen zu homunculi schon in der alten Ordinarienuniversität kräftig im Schwange war, aber freilich zum System wird durch die technokratische Hochschulreform, in der die Universität, wie Jüngel richtig sagt, nur noch „Konstruktionswerkstatt" ist für „Lehre, die nur Anwendbares und dann noch das Anwenden selbst lehrt"? Man kann nicht *gegen* die technokratische Hochschulreform und *für* die alten Ordinarienpositionen sein.

Ein wirkliches Gegengewicht gibt es nur auf dem Wege der entschiedenen Demokratisierung der Hochschulen, also auf dem Wege, der durch Jüngels Hörerkreis erfolgreich abgeblockt worden ist – was wiederum mit den in unserer Gesellschaft herrschenden Interessen zu tun hat (wofür Jüngel nur die Voten der Industrie-Vertreter im Wissenschaftsrat nachzulesen braucht). Und ist es ganz abenteuerlich sich vorzustellen, es könnten eines Professors Gedanken noch über seine Studenten hinaus zu ganz anderen homunculi gehen, zu den Lehrlingen nämlich, zu den ursprünglich so gut und groß angelegten Plänen für die Berufsausbildung und für die Überwindung des Ausbildungsdualismus, die jetzt so verwässert, ja vielleicht schon gescheitert sind? Hat Jüngel sich dafür interessiert, ob der Eifer seines Hörerkreises sich für oder gegen diese Pläne ins Zeug gelegt hat? Diese Reformen, und zwar so konsequent wie möglich gegen widerstehende Interessen durchgedrückt und finanziert, sind doch unerläßlich angesichts der „dringlichsten politischen Zumutung", eine Gesellschaft zu schaffen, „in der alle Menschen gemeinsam ‚Herr im Hause' zu sein vermögen"; – was ohne gründliche Änderung unseres Bildungswesens sicher nicht geschehen kann.

Jüngel wünscht, die evangelischen Theologen möchten sich prüfen, ob sie mit dem Begriff der Revolution in den letzten Jahren nicht zu „großzügig" umgegangen seien. Von denen, die in verantwortlicher Weise Revolution, wie es sich in unserer Zeit gehört, als Problem auch der Theologie thematisiert haben, ist mit der *Sache* der Revoltion keiner so großzügig umgegangen wie Jüngel in diesem Vortrag. Sie haben sich alle mit Gesellschaftsanalyse beschäftigt, sich mit den Fragen der

Übergangsstrategien und den damit gegebenen ethischen Fragen des revolultionären Prozesses redlich abgemüht. Nur ein paar Postulate aufzustellen – solchen Rückfall in den utopischen Frühsozialismus haben sie sich nicht erlaubt, und verblasene Idealismen wie: „Es darf einer Bildung des menschlichen Geistes, die es ihm erlaubt . . ., daß er Herr seiner Werke bleibt", haben sie sich nicht geleistet. Zudem ist die „Theologie der Revolution", die für Jüngels Kollegenpsychologie nur „Ausdruck einer theologischen Identitätskrise" ist, bekanntlich in „anderen Weltgegenden", für die auch Jüngel Klassengegensätze konzediert, nämlich in Lateinamerika, entstanden und wurde für uns in Europa und den USA zur theologischen Aufgabe infolge der „Klassengegensätze zwischen den Weltgegenden".

Das haben wir dann manchmal auch „politische Theologie" genannt, um anzudeuten, daß die damit gegebenen Probleme mit dem traditionellen Titel „Politische Ethik" nicht genügend erfaßt werden können, eben wegen der „politischen Dimension" der ganzen Theologie. Daß dies mit der früheren „Politischen Theologie" von Donoco Cortes bis zu Carl Schmitt nichts zu tun hat (außer dem Gegensatz zu ihr), ist in dem Band „Diskussion zur ‚Politischen Theologie'" (Verlag Kaiser/ Grünewald, 1969) deutlich dargetan.

Jüngel will die Unmöglichkeit „jeder Form von politischer Theologie" damit erweisen, daß er – selbstverständlich ohne jeden Beleg – als einen ihrer „verhängnisvollen Irrtümer vieler – nicht aller! – neuerer Varianten" die These aufstellt, „daß der Mensch erst in seinen Taten konkret sei". Was heißt hier: „vieler, nicht aller"? Bei J. B. Metz, Jürgen Moltmann, mir oder einem anderen, der hier ernsthaft zu nennen wäre, kann er diesen Unsinn nicht gefunden haben. Ich will seiner Psychologie nicht psychologisch begegnen, deshalb nicht nach den Motiven für diesen Vortrag fragen. Er macht nur klar, wieviel Arbeit noch vor Theologen liegt, die sich so beharrlich weigern, an der Arbeit einer ordentlichen „politischen Theologie" teilzunehmen.

Warum gleich mit dem Faß geworfen?

Über die Kunst, mit roter Tinte umzugehen

Offener Brief von Eberhard Jüngel an Helmut Gollwitzer

Verehrter und lieber Helmut Gollwitzer!

Was mag nur in Sie gefahren sein, daß Sie Ihre Feder sich so übereilen ließen? Gewiß, wir sind von Ihnen in letzter Zeit einiges gewohnt. Und man weiß wohl: wenn Helmut Gollwitzer zur Feder greift, dann spitzt sich's zu. Das ist ja denn auch nicht der geringste Reiz Ihrer Schriften. Aber daß Sie über der kritischen Erwiderung auf meinen vor dem Evangelischen Arbeitskreis der CDU/CSU gehaltenen Vortrag (DS Nr. 1/1975), statt mit roter Tinte zu korrigieren, gleich das ganze – rote! – Tintenfaß nach mir warfen (DS Nr. 3/1975), das war denn doch des Roten etwas zuviel. Nicht nur die vermeintlichen Fehler, sondern gleich das ganze Referat haben Sie rot angestrichen: „Ein Christ muß also nach Jüngel Sozialist sein." Ich habe zum ersten Mal richtig begriffen, was „Chuzpe" ist. Wie stehe ich nun da: von Ihrer Tinte so ganz und gar rötlich bekleckert! Vor allem aber: wie stehen Sie nun da! Wollen Sie wirklich als der zweite Theologe in die Geschichte eingehen, dem man nachrühmen darf, mit Tintenfässern zu werfen? Mir wollten Sie ja offensichtlich einen Dienst damit erweisen. Aber mußten Sie dabei wirklich so rücksichtslos gegen sich selber sein? Man bedenke, daß man Sie von nun an als den Erfinder des *anonymen Sozialismus* sich wird merken müssen. War das wirklich Ihr Ziel?

Gewiß, mit mir hatten Sie es dabei offensichtlich noch relativ gut gemeint. Denn von Ihnen zwar angeschwärzt, aber nun doch immerhin eben *rot* angeschwärzt zu werden heißt ja ganz zweifellos soviel wie: der Mann ist noch brauchbar, zumindest als ein nützlicher Idiot. Er merkt zwar nicht, daß er ein Sozialist ist und auch alle anderen Christen für den Sozialismus reklamiert. Und die anderen Christen merken es auch nicht. Aber sie sind es gleichwohl und tun unbewußt das Ihre für unsere – der bewußten Sozialisten – gemeinsame Sache. Was Theologenkunst doch alles zustande bringt! Nach Karl Rahners Sonderlehre vom *anonymen Christen* nun also Helmut Gollwitzers

Sonderlehre vom *anonymen Sozialisten!* Und das alles zu meinen Gunsten!

Im Vergleich mit anderen Versuchen, mich rot oder schwarz anzuschwärzen, ist Ihre Kritik in der Tat geradezu charmant. Wenn ich da zum Beispiel an jenen Ihrer Schüler denke, der mir, nur weil ich mich gegen die pauschale – theologische! – Diffamierung des Bürgertums verwahrt hatte, gleich alle Leichen des weiß Gott schrecklichen Vietnamkrieges in die Schuhe schieben wollte, muß ich Ihnen für Ihre Lindigkeit geradezu dankbar sein. Oder wenn ich an das vor der letzten Landtagswahl in Baden-Württemberg von der Tübinger CDU verbreitete Flugblatt denke, das mich, nur weil ich die – doch von dem ehemaligen CDU-Außenminister Gerhard Schröder initiierte! – Ostpolitik der Regierung Brandt–Scheel einer christlichen Gemeinde zu gewissenhafter Prüfung empfahl, mit keinem geringeren Vorwurf als dem der Blasphemie bedachte, dann wirken Ihre Beanstandungen, lieber Helmut Gollwitzer, vergleichsweise harmlos. Sie lassen es bei dem Vorwurf partieller Idiotie bewenden – garniert mit der sehr taktvollen Unterstellung, meinen Hörern nach dem Munde geredet zu haben, und verziert mit dem dunklen Verdacht auf psychologische Hintergründe, die man lieber nicht erhellt. Das ist wirklich ein vergleichsweise feiner Stil.

Und nun soll ich also darauf antworten. Gern tue ich das, ehrlich gesagt, nicht. Denn darauf haben ja nicht wenige Statisten und erst recht die vielen frenetischen Schreier in der theologischen Szene – die von ganz rechts und ebenso die von ganz links – nur zu begierig gewartet, daß wir uns öffentlich in die Haare geraten. Ich verspüre gerade angesichts solcher Beobachter wenig Lust, Ihnen auch nur mit einiger Schärfe coram publico zu widersprechen. Ahne ich doch, wie sehr dadurch Wasser auf die Mühlen jener gelenkt werden könnte, die seit geraumer Zeit eine üble Hetze gegen Sie und Ihre Gesinnungsgenossen betreiben. Mir ist diese Hetze ein Greuel. Ich verurteile sie. Und ich hätte es gern verhindert gesehen, daß der sachliche Gegensatz, der zwischen uns unbestreitbar besteht, von Unbefugten sozusagen ausgeplündert werden kann. Aber eben das haben Sie selbst offensichtlich nicht als Problem empfunden. Denn was Sie sich als Erwiderung auf meinen Vortrag haben einfallen lassen, ist nach Form und Inhalt nur gar zu sehr geeignet, eben jenes Klima zu fördern, in dem die Hetze und ihre Derivate gedeihen. Nicht die Polemik stört mich. Streitgespräche gehören sogar in die Verkündigung Jesu. Was mich stört, ist vielmehr dies, daß Ihre Polemik nicht polemisch genug war. Sie haben sich nämlich nicht mit meinen Gedanken auseinandergesetzt, sondern mit dem, was Sie aus meinen Gedanken gemacht haben. Treffende Polemik ist scharf, aber gut. Polemik gegen Gespenster hingegen ist stumpf, aber verderblich. Deshalb muß ich Ihnen klar und deutlich widersprechen. Tu l'as voulu, George Dandin, tu l'as voulu!

Ich weiß, daß es Sie schmerzen wird, wenn man Ihren Stil mit dem gewisser Blätter in einem Atem nennt. Aber haben Sie nicht bedacht, wie sehr Ihre „Argumentation" im Effekt dem gleicht, was Sie verabscheuen? Gewiß, ein Professor macht das weniger plump als der Journalist eines Groschenblattes – und das mag denn als ein Beleg für die von Ihnen beschworenen Klassengegensätze in der Bundesrepublik gelten. Der Professor – er hat ja dank seiner Bildungsprivilegien und als Theologe zumal die Regeln der Rhetorik im Kopf – weiß nur zu gut, daß die plumpe Identifikation („Handgranaten im Talar"[1]) nur von plumpen Köpfen ernst genommen wird. Der Ordinarius publicus hält es hingegen mit dem heraklitischen Apoll: er deutet an. Die Infamie wird dadurch freilich eher infamer noch.

Zum Beispiel so: „Ich will seiner Psychologie nicht psychologisch begegnen, deshalb nicht nach den Motiven für diesen Vortrag fragen". Warum eigentlich nicht? Meine Seele pflegt in der Tat beteiligt zu sein, wenn der Verstand am Werke ist. Ich hoffe, daß auch das Umgekehrte gilt, und zwar nicht nur bei mir. Aber Ihre Äußerung soll ja gerade unterstellen, es sei da etwas peinlich zu Verbergendes im Hintergrund, das ans Licht zu zerren man diesmal noch unterläßt – zugunsten des Kritisierten, versteht sich. Hatte man doch dem Leser zuvor – wiederum durch Andeutungen – zu suggerieren versucht, daß der Vortragende seinen Hörern nach dem Munde geredet habe. Man verzichtet also großzügig darauf, nach den psychologischen Motiven dessen zu forschen, was als schon diskreditiert gelten muß. Sie haben, verehrter Herr Gollwitzer, zusammen mit einigen Ihrer Schüler im letzten Jahrgang der Zeitschrift „Evangelische Theologie" den Kollegen Günter Klein aus Münster auf die gleiche Weise unter Verdacht gestellt[2]. Ich frage mich, ich frage Sie: trauen Sie Ihren sachlichen Argumenten so wenig zu, daß Sie zu diesem denunziatorischen Stil Zuflucht zu nehmen sich veranlaßt wissen? Würde ich Sie nicht so sehr verehren, ich schriebe Ihnen: ich *verbitte* mir das. Ihnen gegenüber wage ich jedoch zu sagen: ich *bitte* Sie ernstlich, den Stil der theologischen und kirchenpolitischen Auseinandersetzung psychohygienisch nicht noch mehr verkommen zu lassen. Es gibt Gegensätze, die ausgetragen und, wenn das nicht gelingt, ausgehalten werden müssen. Sie machen aber auf Ihre

---

[1] So die Überschrift des Artikels von Peter Boenisch am 25. 11. 1974 in Bild Berlin.
[2] Evangelische Theologie 34, 1974, S. 276 ff.

Weise beides unmöglich, wenn Sie die Person Ihres Kontrahenten zu diskreditieren helfen. Mag sein, daß das für die sei es „kapitalistische", sei es „sozialistische Revolution" gleichgültig ist. Für die Kirche Jesu Christi ist es alles andere als gleichgültig. Und der *Verständigung* über die Weltrevolution dient es jedenfalls auch nicht gerade, wenn der Gesprächspartner auf diese Weise psychologisch unter Verdacht gestellt wird.

Es gehört zu diesem unter psychohygienischen Gesichtspunkten tief bedauerlichen Stil, daß der Kritiker Zitate anführt, die überhaupt nicht aus der Feder des Kritisierten stammen. Da ist die Rede von „Jüngels Kollegenpsychologie", womit offensichtlich, bevor Sie Ihre eigenen psychologischen Erwägungen in Betracht ziehen, dem Leser der Eindruck vermittelt werden soll, der Kritisierte habe ja damit angefangen. Als Beleg für diese meine angebliche Kollegenpsychologie führen Sie dann an, daß für mich die Theologie der Revolution nichts anderes als („nur"!) der „Ausdruck einer theologischen Identitätskrise" sei. Was Sie dem Leser da als Zitat einreden, lautet jedoch in Wirklichkeit: „Ausdruck einer theologischen Intelligenzkrise". Identität und Intelligenz, das ist zweierlei – jedenfalls solange die von mir konstatierte Intelligenzkrise noch nicht in so etwas wie einen völligen Intelligenzverfall umgeschlagen ist. Ich hatte zunächst den Setzer im Verdacht. Aber das Falschzitat steht ebenso in Ihrem Manuskript, das Sie mir freundlicherweise zugeschickt haben. Ich frage mich, ich frage Sie: sollte man, bevor man zur roten Tinte greift, nicht wenigstens die Brille putzen, um, wenn schon nicht den Geist, so doch zumindest den Buchstaben des Kontrahenten – und nicht das, was die eigene sich übereilende Feder daraus gemacht hat – zu kritisieren? Im übrigen habe ich nicht von einer Intelligenzkrise bestimmter *Theologen*, sondern vielmehr *der Theologie* gesprochen, also von unserer ganzen Zunft. Und die Theologie der Revolution habe ich nur den *Ausdruck* dieser Krise genannt. Ich bin gern bereit, auf einem vielleicht eigens dafür einzuberufenden Symposion anhand des theologischen Büchermarktes eine imponierende Reihe von Belegen für mein Urteil bekannt zu geben. Und ich befürchte nur zu sehr, daß spätere Historiker der Theologiegeschichte unsere Jahre als die Zeit eines unerhörten *intellektuellen* Verfalls der evangelischen Theologie notieren werden. Was sich z. B. Ordinarien für Theologie heutzutage in ihren Büchern an Schnitzern erlauben, ohne dafür gerügt zu werden – ich meine nicht jene Versehen, die auch dem gewissenhaftesten Wissenschaftler unterlaufen können –, wäre in den Proseminaren meiner Lehrer, verehrter Lehrer, niemals durchgegangen. Heutzutage merken es selbst die Rezensenten nicht.

Doch zurück zu Ihrem Artikel. Das oben erwähnte Falschzitat ist leider nur ein Beispiel von vielen. Ebenso falsch ist z. B. Ihre Mitteilung, nach Jüngel sei der Kampf für den Fortschritt „zu definieren als eine Verringerung von Übeln in einer unendlichen Reihe von Übeln" und es sei dementsprechend die „Aufgabe der Politik" – wohlgemerkt die von mir angegebene Aufgabe –, „in einer unendlichen Reihe von Übeln derer soviel wie möglich zu beseitigen". Auch das ist falsch. Die von Ihnen zitierte Wendung war in meinem Vortrag vielmehr gerade umgekehrt das Beispiel für eine Politik *ohne* begründete Hoffnung. Der zitierten Wendung gingen die Sätze voraus: „Es besteht Grund zur Hoffnung für unsere Arbeit an der weltlichen Zukunft. Fortschritt wäre ohne (ich wiederhole: *ohne!*) diese Hoffnung zu definieren als eine Verringerung von Übeln in einer unendlichen Reihe von Übeln." Und es folgte schließlich auf die von Ihnen zitierte Wendung der Satz: „Doch (ich wiederhole: *doch!*) der christliche Glaube setzt... nun doch auch Hoffnung frei für ein politisches Handeln, das nicht nur in Reaktionen auf Übel- und Notstände besteht." Wieder frage ich mich und frage ich Sie: wie ist es möglich, daß Ihre Feder sich so übereilen konnte? Wenn die *Gesellschaftsanalyse*, mit der nach Ihrer Auffassung im Gegensatz zu mir „alle" in „verantwortlicher Weise" von Revolution redenden Theologen (übrigens: wer sind – von mir einmal abgesehen – diejenigen, die es in unverantwortlicher Weise tun?) befaßt waren, wenn also Ihre Gesellschaftsanalyse genau so gearbeitet ist wie Ihre Analyse meines Vortrages, wird es am Ende doch noch zu einem Klassenkampf kommen, der dann freilich auf nichts anderes als auf einige sehr nachweisbare Irrtümer und auf eine sehr gefärbte Leserbrille bürgerlicher Theologieprofessoren zurückgeführt werden muß. Davor bewahre uns, lieber Herre Gott! Davor bewahre er, wenn schon nicht das Bürgertum, so doch die daran nun wirklich nicht interessierte Arbeiterklasse!

Ihre Kunst zu lesen treibt aber auch sonst die merkwürdigsten Blüten. Was soll die Unterstellung, ich hätte den Mitgliedern der Partei, vor deren Evangelischem Arbeitskreis ich sprach, nach dem Munde geredet? Daß das nicht so war, hat sogar die anwesende Presse gemerkt. Soll ich mich nun also dessen rühmen, daß ich eine den Äußerungen meines Korreferenten und denen des CDU-Fraktionsvorsitzenden ziemlich entgegengesetzte Einstellung zum Problem des Schutzes des Lebens von Terroristen vertrat; daß ich eine dem anwesenden Bundestagsvizepräsidenten Dr. Jaeger widersprechende Auffassung hinsichtlich der Todesstrafe vertrat; daß ich die Kampagne gegen Bischof Scharf verurteilte; daß ich vor der Theologie in der Rolle einer die Politik beeinflussenden lila Eminenz warnte, und einiges mehr? Sicher, das wurde alles nicht in den schrillen Tönen gesagt, die Sie vielleicht bevorzugt hätten. Aber es wurde – vielleicht gerade deshalb – verstanden. Und Sie, lieber Herr Gollwitzer, hätten es auch verstehen können.

Wo aber – und noch dazu willentlich – nicht verstanden wird, da entartet die Polemik, diese Perle theologischer Diskussionskunst, zum Jargon. Und das ist es, was mich bedrückt: daß Sie statt Polemik Jargon anbieten. Die rabies theologorum, innerhalb der Theologie durchaus am Platz und hochwillkommen, ist ausgewandert in die politische Propagandasprache. Sie begrüßen es zwar, wenn Theologie und Kirche „zu allen ideologiebesessenen Hetzern nicht auch noch fanatische und fanatisierende Pfaffen" – und man darf hinzufügen: Professoren – „liefern". Aber was tun Sie, um dem entgegenzuwirken? Sie kultivieren den Jargon der Revolte! Und Sie nennen es – auch darin nur gar zu sehr dem Jargon verhaftet – einen „verblasenen Idealismus", wenn ich darauf hinweise, daß der Mensch, um sein Herrschen beherrschen zu lernen, „einer Bildung des menschlichen Geistes" bedarf, „die es ihm erlaubt, mit den Fortschritten, die er erzeugt, selbst so Schritt zu halten, daß er Herr seiner Werke bleibt". Ich sehe davon ab, daß Sie auch diesen Satz – durch Kürzungen – entstellt haben, und bitte Sie nur, zu erwägen, ob die Diskreditierung eines solchen Satzes als „verblasenen Idealismus" nicht den Eindruck erwecken muß, daß Sie aus der anthropologischen Diskussion sich selber abzumelden im Begriffe sind. Warum tun Sie uns das an? Warum geben Sie der in der Theologie so notwendigen kritischen Stimme von „links" so rücksichtslos den Anschein des Unseriösen? Warum fördern Sie nicht nur den Streit um die Sache – das ist würdig und recht –; warum pflegen Sie zugleich in diesem Streit einen Stil, der alles andere als würdig und recht ist? Warum triumphiert der Propagandist Gollwitzer über den Theologen Gollwitzer? Ich gestehe: *das* verstehe ich nicht. Und ich bin mit dem Jakobusbrief überzeugt: „Es soll nicht, liebe Brüder, also sein."

Aber schlimmer noch als das falsche Lesen und Zitieren eines Anderen dünkt mich die – sit venia verbo – Selbstverfälschung, die Sie uns zumuten. Ein Christ muß nach Gollwitzer Sozialist sein. Ein Sozialist ist nach Gollwitzer ein Mensch, der aufgrund von – aus welchen Quellen auch immer schöpfender – Gesellschaftsanalyse Klassengegensätze für gegeben und deshalb Klassenkämpfe bzw. Revolutionen für unvermeidbar hält. Daß ein *Christ* Sozialist sein *muß*, wird aber auch von dem Theologen Gollwitzer theologisch und nur theologisch begründet. Wenn man sich jedoch gegen die *theologische* Begründung der Notwendigkeit von Klassenkämpfen in der Bundesrepublik ausspricht (ich könnte auch sagen: gegen die Forderung, ein Christ müsse Sozialist sein; denn Theologie begründet nun einmal ausschließlich die Notwendigkeiten des christlichen Lebens – wie Gollwitzer wohl weiß), dann heißt es: an einem so komischen Unternehmen habe man sich nie beteiligt. Und ob!

Ähnliches gilt im Blick auf den von mir beanstandeten allzu großzügigen Umgang mit dem Ausdruck „Revolution". Ich finde es schwer erträglich, mit welcher Unberührtheit Sie das für sich und die Ihnen in dieser Sache nahestehenden Kollegen abweisen, um mir statt dessen „Gesellschaftsanalyse" – welche? – zu empfehlen. Von einer relativ unparteiischen Gesellschaftsanalyse, die sich zum Beispiel vor wirtschaftspolitischem Sachverstand sehen lassen kann, habe ich selbst in Ihren Schriften, die zweifellos eine positive Ausnahme bilden, nur spärliche Spuren entdecken können. Die einschlägigen Schriften anderer Kollegen haben mich nicht einmal mit solchen Spuren, wohl aber mit einer Fülle von Klischees – an der Assoziationen leichter Kette zierlich aufgehangen – und vor allem mit einem nicht nur hinsichtlich der Quantität geradezu inflationären, sondern auch im Blick auf seine semantische Qualität geradezu revolutionären Gebrauch des Ausdrucks „Revolution" konfrontiert. Sogar in Gott selbst soll, wie man lesen konnte, eine Revolution stattgefunden haben. Ganz zu schweigen von dem „revolutionären Jesus", der der Gemeinde inzwischen so oft gepredigt wurde, daß sie ihn von dem Thorvaldsenschen Christus kaum noch unterscheiden kann.

Ich würde dem – mit Recht – so sehr auf Gesellschaftsanalyse bedachten Helmut Gollwitzer empfehlen, einmal statistisch zu ermitteln, wie oft und in welcher Vielfalt von Bedeutungen „die Revolution" den Mund evangelischer Theologen in den letzten acht Jahren passiert hat. Dann soll er sich in dieser Sache, wenn er kann und wenn er mag, erneut mit entrüsteten Dementis zu Worte melden.

Von den pastoralen Implikationen der deutschen Theologie der Revolution will ich schweigen. Ich habe mein Haupt verhüllt, als ich aus Ihrer Feder in den *Lutherischen Monatsheften* (1974, S. 563) letztlich lesen mußte, Sie wollten zwar beides: trösten und aufrütteln, aber „trösten nur (!) für die Aufgerüttelten und für niemand (!) anderen, nicht in erster Linie (Gott sei Dank machen Sie wenigstens diese – als Gegensatz zu „nur" und „niemand" freilich logisch unverständliche – Einschränkung) für Leute, die aus Verzweiflung zum Strick greifen wollen und die ich mit Trost abhalte, zum Strick zu greifen..."[1]

---

[1] Helmut Gollwitzer hat mir brieflich inzwischen mitgeteilt, daß dieser Satz verunglückt sei und seine Einstellung *nicht* angemessen wiedergebe. Ich merke gern an, daß Gollwitzers gesamtes Schrifttum und seine geistliche Wirksamkeit in der Tat in eine andere Richtung weisen als die oben zitierte überaus unglückliche Äußerung.

Es geht mir wahrhaftig nicht darum, das erwachte politische Gewissen der Christenheit wieder einzuschläfern. Auch das kommt nicht in Frage: die CDU als die politische Heimat der Christen zu empfehlen. Sie ist es genauso wenig wie irgendeine andere Partei. Eben deshalb kann es aber auch nicht die Aufgabe von Theologie und Kirche sein, eine der für das demokratische Leben der Bundesrepublik konstitutiven politischen Richtungen prinzipiell suspekt zu machen. Es ist aber zumindest in der sogenannten akademischen theologischen Welt bereits dahin gekommen, daß wer ein Referat vor dem Evangelischen Arbeitskreis der CDU/CSU zu halten wagt, sich mit unverhohlenem Mißtrauen betrachten lassen muß. Das ist ein unhaltbarer Zustand. Ich möchte nicht Sie dafür verantwortlich machen. Aber ich möchte Sie dafür gewinnen, dem entgegenzuwirken. Wenn Sie zum Beispiel der Meinung sind, die CDU und ihre Minister würden „die Verletzung des Grundgesetzes nicht scheuen, wenn es darum geht, ‚Systemüberwinder' aus dem öffentlichen Dienst herauszuhalten", dann sollten Sie Rechtsmittel dagegen geltend machen. Sie wissen, daß es noch Richter gibt in Deutschland und dazu Gerichte, die gegebenenfalls auch Richter zu korrigieren das Recht und die Pflicht haben. Wenn Sie aber befürchten, in einem solchen Rechtsstreit unterliegen zu müssen, dann dürfte es sich empfehlen, solche Aufstellungen zu unterlassen.

Ich weiß nicht, ob dieser Brief uns zur Beendigung einer Reihe unglücklicher Mißverständnisse und Fehlentwicklungen verhilft oder aber ob der Streit nun erst richtig losgeht. So oder so: ich hoffe auf Ihr Einverständnis, wenn ich als Basis sowohl für den theologischen Frieden wie auch für die theologische Polemik diejenige Einstellung betrachte, die unser gemeinsamer Lehrer Karl Barth (Kirchliche Dogmatik IV/1, S. 770 f.) folgendermaßen formuliert hat: „Die Kirche steht im Feuer der Kritik ihres Herrn. Sie ist aber auch der Kritik von der Welt her durchaus ausgesetzt und diese Kritik ist noch zu keiner Zeit etwa *nur* falsch und ungerecht gewesen. Sie ist der Selbstbesinnung und der Selbstkorrektur noch immer bedürftig gewesen und wird es auch immer sein. Sie kann nicht anders existieren denn als *ecclesia semper reformanda* – und wäre es doch so, daß sie sich immer und überall als das verstanden und entsprechend gehandelt hätte! Ihre Taten und Vollbringungen, ihre Bekenntnisse und Ordnungen, ihre Theologie und die von ihr vertretene und von ihren Gliedern gelebte Ethik waren und sind wahrhaftig in keinem Stück unfehlbar – und wieder da bestimmt am Fehlbarsten, wo man sie eigenmächtig mit Unfehlbarkeit bekleiden wollte. Ja eben, und nicht zuletzt: die von den Christen gelebte Ethik! Wann und wo schwankte sie nicht hin und her zwischen pharisäischer Gesetzlichkeit und antinomistischem Libertinismus, zwischen übergeistlicher Schwärmerei und satter Bürgerlichkeit, zwischen müdem Pietismus und fieberhaftem Aktivismus, zwischen konservativen und revolutionären (oder auch nur zigeunerhaften) Allüren?"

Zum Schluß erlaube ich mir die Hoffnung auszudrücken, daß ich von Ihnen recht bald eine gründliche Kritik meiner im Sonderheft der „Evangelischen Theologie" veröffentlichten Studie über „Metaphorische Wahrheit" erhalte. Ich bin trotz Ihres Artikels im DS noch immer gespannt auf Helmut Gollwitzers rote Tinte – wenn nur nicht gleich mit dem ganzen Faß geworfen wird.

Tübingen, am 21. Januar 1975   Herzlich Ihr
                                    gez. Eberhard Jüngel

PS: Was übrigens Ihre Ermahnung, Mao Tse-tung zu lesen, betrifft: haben Sie ihn gestern abend im Fernsehen gesehen – mit Ihrem bayerischen Landsmann[1] gemeinsam in die Zukunft schauend? Wer weiß, vielleicht hat der ihm *meine* Rede zu lesen gegeben ...

---

[1] Franz Josef Strauß wurde am 20. Januar 1975 in Peking von Mao Tse-tung empfangen.

Eberhard Müller

Eine Leiche im Keller?

In die Theologie eingeschmuggelte Ideologien

Wenn in einer politisch-weltanschaulichen Auseinandersetzung ein Autor seine grundlegenden Argumente einleitet mit Worten wie „bekanntlich", „unbestreitbar", „jedem Kenner deutlich", „ist heute am Tage", kann man mit einiger Wahrscheinlichkeit annehmen, daß er an dieser Stelle eine Leiche im Keller vergraben hat. Damit meine ich eine zu einer unbezweifelbaren Wahrheit erstarrte und damit höchst fragwürdige Ideologie. Es erhebt sich der Verdacht, daß hier eine im geschichtlichen Prozeß entstandene politische Urteilsbildung, eine in bestimmten Zusammenhängen beachtenswerte Teilwahrheit zu einer zweiten Offenbarungsquelle gemacht wird, von der die Vernunft und letztlich auch der Glaube verdunkelt wird.

Es ist nicht ohne Reiz, auf Grund solcher Indizien in den Fundamenten der politisch-theologischen Urteilsbildung von *Helmut Gollwitzer* nachzugraben. Er unterstellt seinem Kontrahenten Eberhard Jüngel, dieser habe in seinem Vortrag „Zukunft und Hoffnung" versucht, seinem protestantischen CDU-Auditorium die Forderung einer radikalen antikapitalistischen Systemüberwindung vorzusetzen und dabei – bewußt oder unbewußt – „seine an Links-Phobie leidenden Hörer auf den linken Pfad hinüberzuschmeicheln". Zu dieser Schlußfolgerung kommt Gollwitzer, weil er natürlich nicht unterstellen möchte, daß das, was *„bekanntlich", „unbestreitbar", „für jeden Kenner deutlich", „heute am Tage ist"*, seinem gelehrten Tübinger Kollegen unbekannt ist. Er möchte ihm lieber unterstellen, daß er diese unbestreitbaren Wahrheiten aus taktischen Gründen verdeckt gelassen hat. Seine Hörer sollten in sokratischer Methode um so sicherer selber zu der Erkenntnis gelangen, daß eine sozialistische Weltrevolution die einzige Möglichkeit ist, heute aus dem Evangelium die nötigen Konsequenzen zu ziehen.

Wenn ich Gollwitzer nicht mißverstehe, spricht er von sozialistischer Weltrevolution nicht im Sinne einer fortlaufenden Reform unserer Wirtschaftsordnung, wie sie ein westlich orientierter demokratischer Sozialismus in vielen europäischen Ländern erstrebt. Derartige Entwicklungen werden ja von Jüngel ausdrücklich bejaht. Es geht Gollwitzer um eine revolutionäre Wandlung im Sinne des marxistischen Programms einer Abschaffung des privaten Eigentums an den Produktionsmitteln.

Unter dieser Voraussetzung sei es erlaubt, im Gollwitzerschen Keller nachzugraben, ob sich nicht auch hier die besagten Leichen finden. Was ist für Gollwitzer so „bekanntlich", für jeden vernünftigen Menschen unbezweifelbar, daß keine ernsthafte Einrede dagegen möglich ist? Ich zitiere: „Er (Jüngel) berührt damit unser Verflochtensein in Ausbeutungsherrschaft, sofern es *bekanntlich* unsere Weltgegend ist, die ihren Lebensstandard der Ausbeutung anderer Weltgegenden der Erhaltung von Klassengegensätzen in anderen Weltgegenden, also dem Kolonialismus und Imperialismus verdankt."

Gewiß ist Kolonialismus und Imperialismus eine beklagenswerte geschichtliche Tatsache, die besonders im südlichen Afrika heute noch nicht ganz zu Ende gegangen ist. Andererseits haben die OPEC-Staaten schon damit begonnen, in umgekehrter Richtung auch diejenigen Länder auszubeuten, denen sie die Erschließung ihrer Reichtümer verdanken. Es gibt vielfach die Ausnutzung wirtschaftlicher und militärischer Überlegenheit, die man als Neokolonialismus und Neoimperialismus bezeichnen kann. Aber sind daran sozialistische Staaten, soweit sie die Macht dazu haben, weniger beteiligt als das privatwirtschaftliche Europa oder Amerika? Darf man gegenüber dem, was für Gollwitzer so eindeutig und „bekanntlich" feststeht, vielleicht schüchtern fragen, ob der Lebensstandard der industrialisierten westlichen Welt nicht vielleicht in noch höherem Maße deren technischem Know-how, dem Fleiß ihrer Arbeiter und der technisch-wirtschaftlichen Initiative ihrer Unternehmer als der sicherlich zu verurteilenden kolonialen, neokolonialen oder imperialistischen Ausbeutung zu verdanken ist? Verhalten sich die sogenannten sozialistischen Industriestaaten gegenüber den unterentwickelten Ländern etwa weniger neokolonialistisch, weniger machtpolitisch orientiert als die sogenannten kapitalistischen Staaten?

Gollwitzer fährt fort: „*Unbestreitbar* ist aber, daß das kapitalistische System auch bei uns auf jener Ausnützung und ungleichen Aneignung beruht und daß unsere politischen Herrschaftsformen der Erhaltung dieses Systems dienen." Weil für Gollwitzer diese Behauptung so unbestreitbar ist, daß sie gar nicht begründet zu werden braucht, müßte nach seiner Meinung Jüngel „die Forderung des antikapitalistischen und antiimperialistischen Kampfes" erheben, wenn er ernsthaft auf eine Weltorientierung hinarbeiten wollte, in der „alle Menschen gemeinsam Herr im Haus zu sein vermögen". Unbestreitbar ist an der Gollwitzerschen Behauptung nur, daß sie in der Bibel der Marxisten, im „Kapital" von Karl Marx, aufgestellt wird. Wie steht es denn heute mit der „ungleichen Aneignung und Ausnützung" auf binnenwirtschaftlichem Gebiet? Ist der Arbeitnehmerschaft in sozialistischen Staaten etwa ein größerer Anteil zum Sozialprodukt oder gar ein höherer Reallohn zugeflossen als bei uns? Zugegeben: In den für die Unternehmer „goldenen fünfziger Jahren" mit ihrem riesigen Kapitalbedarf gab es eine sehr ungleiche Aneignung des Sozialprodukts über die Preise. Damals hätten Anteile an dem rasch wachsenden Produktionsvermögen über Investivlöhne in die Hände der Arbeitnehmer gelenkt werden müssen. Gerade diejenigen haben es damals mit verhindert, die auf eine Vergesellschaftung der Produktionsmittel abzielten. Von solcher „Vergesellschaftung" halten 95 Prozent unseres Volkes heute nichts. Am allerwenigsten unsere Arbeitnehmerschaft! Ist das vielleicht ein entscheidender Grund dafür, daß „unsere politischen Herrschaftsformen" der Erhaltung dieses (unseres) Systems dienen? Auch müßte es von Gollwitzer erst noch bewiesen werden, daß in unserem System die „massenhafte Unterdrückung", die „ausbeutungssichernde Herrschaft" und die „hemmungslose Naturausbeutung" mehr zu Tage tritt und weniger eingedämmt werden kann als in sozialistischen Staaten. Sind sozialistische Staaten vielleicht noch anfälliger für eine Entmündigung des Volkes und hat das nicht seine Gründe, die im System liegen?

Die Grundforderung des Sozialismus besteht in der Abschaffung des Eigentums an Produktionsmitteln. Diese werden damit zunächst ein herrenloses Gut. Es kann nur in einfachen, übersehbaren Produktionsverhältnissen, also in Dorfkommunen und kleinindustriellen Betrieben, von den Arbeitnehmern selbst verwaltet werden. Bei wachsender Industrialisierung kann der Einsatz der Produktionsmittel von den Arbeitnehmern, die an diesen Produktionsmitteln arbeiten, wahrscheinlich weit weniger mitgeplant und kontrolliert werden als in mitbestimmten Unternehmen der Bundesrepublik. Die gesellschaftliche Kontrolle bedeutet im Sozialismus zumeist praktisch Kontrolle durch die Staatsfunktionäre. Sie werden in Scheinwahl auf Einheitslisten gewählt. Bis jetzt ist noch kein kommunistisches Wirtschaftssystem zum Funktionieren gebracht worden, das nicht am Anfang mit harten Terrormaßnahmen jeden Widerstand zum Schweigen gebracht hätte. Wahrscheinlich gilt nicht einmal vom faschistisch regierten Chile so uneingeschränkt wie in sozialistischen Staaten der Satz von Karl Marx, daß die herrschenden Meinungen die Meinungen der Herrschenden sind.

Gollwitzer freilich meint: „Es ist *jedem Kenner deutlich*, daß es sich genau darum bei der Alternative von Kapitalismus und Sozialismus handelt." Es sei nämlich nur im Sozialismus erreichbar, „daß der Mensch die Herrschaft selbst zu beherrschen lernt". Würde dazu aber nicht in erster Linie gehören, daß dem Menschen nicht ein Meinungsmonopol vorgesetzt, sondern daß er zwischen verschiedenen miteinander konkurrierenden Meinungen sich entscheiden könnte? Offenkundig wird das aber für Gollwitzer nur dort akut, wo es darum geht, Systemüberwindern bei uns das Recht der Verbeamtung im öffentlichen Dienst zu erkämpfen. Unseres Erachtens ist den Kennern bekannt, daß Systemüberwinder in sozialistischen Staaten nicht einmal wagen können, ihre Meinung öffentlich zu sagen, geschweige denn, sie in Staatsstellungen zu erproben.

Offenbar bestehen alle diese Fragen für Gollwitzer nicht. Für ihn ist es *„heute am Tage"*, daß die vom Wettbewerb kontrollierte Produktionsweise der freien Marktwirtschaft höchstens erlaubt, „einige Auswüchse zu verhindern". Im übrigen aber ist sie eine „grundsätzlich nicht von Instanzen des Gemeinwohls kontrollierte Wirtschaftsweise". In der Tat liegt es – nicht erst heute – am Tage, daß in einer Wettbewerbswirtschaft der Produzent zumeist nicht fragt, ob er mit seiner Produktion dem „Gemeinwohl" dient, sondern ob er dabei Geld verdient. Es läßt sich auch nicht bezweifeln, daß dabei gelegentlich, wie derzeit die leerstehenden Wohnungshalden beweisen, am Bedarf und damit am Gemeinwohl vorbeiproduziert wird. Die Frage ist nur, ob derartige Fehlentscheidungen über erforderliche Investitionen in gemeinwirtschaftlichen Unternehmungen oder Staaten weniger vorkommen und – vor allem – ob nicht in einer Wettbewerbswirtschaft die daran Schuldigen weit härter bestraft werden als in einem sozialistischen System. Die Frage ist vor allem, ob in einer parlamentarisch kontrollierten Wettbewerbsgesellschaft nicht alle gemeinwohlwidrigen Erscheinungen – die es auch hier wahrlich in großem Umfang gibt – weit rascher und unverblümter an den Tag kommen als unter gesellschaftlichen Ordnungen, die keinen Wettbewerb der Massenmedien, nur eine staatlich gelenkte Freiheit der Meinungsäußerung und nur selten eine Bestrafung planerischer Fehlentscheidungen kennen.

Man muß schon den Mut haben, alle diese Einwände als interessengebundene Verblendungen unter den Tisch zu wischen, wenn man wie Gollwitzer den kühnen Satz aufstellen will: „Der christliche Glaube befreit uns, unsere Vernunft und unseren Willen zum Kampf für die sozialistische Weltrevolution, für eine ausbeutungsfreie, das Herrschen beherrschende Gesellschaft." Wir meinen, der christliche Glaube befreit uns, um mit Adolf Schlatter zu sprechen, vor allem zu einem „Sehakt", der die Wirklichkeit und damit die Schwächen nicht nur in der kapitalistischen und der sozialistischen Praxis, sondern besonders in ihren Systemen erkennen läßt. Andernfalls kann man sich dem Vorwurf nicht entziehen, einen Aberglauben zu verbreiten, der im Gewand einer christlichen Ethik eine bestimmte Steuerungsmethode der Produktion zu einer politischen Heilslehre hochstilisiert.

Bei alledem soll nicht bestritten werden, daß es der Ausbeutung dienende Herrschaftsverhältnisse in der Welt gibt, die ohne Kämpfe nicht zu beseitigen sind. Fraglich ist aber, ob sie derjenige beseitigen kann, der sich von vornherein eine rote Brille auf die Nase setzen läßt, die ihn hindert, die machtbesessene Ausbeutung in sozialistischen Staaten zu sehen.

Dabei soll keineswegs geleugnet werden, daß manche Notstände, zum Beispiel Bildungsnotstände, leichter in solchen Staaten zu korrigieren sind, deren Regierung nicht ständig unter dem Diktat der Massenwünsche steht, die auch bei rückläufiger Produktion erfüllt werden müssen. Regierungen, die auf sozialistischen Ideen begründet sind, brauchen sich weit weniger nach den wachsenden Wünschen ihrer Bevölkerung auszurichten. Sie könnten sich auch bei geringem Masseneinkommen den Luxus von Weltraumfahrten, zugleich aber auch die Organisierung und Steuerung des Bildungswesens sowie Rüstungen weit ungehinderter erlauben als parlamentarisch regierte Staaten. Bei uns sind solche Ausgaben nur über widerwillig bezahlte Steuern der Bevölkerung zu finanzieren. Die „Errungenschaften des Sozialismus" sollen darum in keiner Weise bestritten werden.

Noch über eine letzte Behauptung Gollwitzers muß ich mich wundern. Er bezeichnet es als einen Rückfall in „verblasene Idealismen", wenn Jüngel sagt: „Es bedarf einer Bildung des menschlichen Geistes, die es ihm erlaubt, ... daß er Herr seiner Werke bleibt." Vielleicht liegt an dieser Stelle der eigentliche Grund für die überraschende Naivität, mit der Gollwitzer eine „Beherrschung der Herrschaft" von der revolutionären Einführung eines sozialistischen Wirtschaftssystems erwartet. Wir verstehen unter Beherrschung der Herrschaft eine emanzipatorische Bewegung, mit der einzelne Menschen und Menschengruppen in die Lage versetzt werden, im Gesamtgefüge der Menschheit ihre Anliegen und Interessen selbst vernünftig und wirkungsvoll zu vertreten. Dies setzt in jedem System eine Einsicht in die komplizierten Zusammenhänge von Wirtschaft und Gesellschaft voraus. Es erfordert überdies eine sittliche Bildung, die bereit ist, auch gegen die eigenen Interessen zu votieren, wo es gilt, den Nöten und Gefahren, die einzelne Menschen oder die ganze Menschheit bedrohen, entgegenzutreten. Emanzipation bedeutet doch wohl die Freiheit zur eigenen Urteilsbildung ohne zwangsweise Indoktrination eines gesellschaftlichen Grundkonzeptes, das angeblich gesellschaftliches Bewußtsein und Mitmenschlichkeit „von selbst" produziert. Bildung in der Freiheit eigener Urteilsbildung läßt sich nur in einem langen Prozeß erreichen.

Revolutionäre Akte mögen in manchen Fällen zum Sturz gewalttätiger Minderheiten unerläßlich sein. Sie machen die Errichtung einer neuen Diktatur kaum vermeidbar, solange nicht in breiten Kreisen des Volkes ein Bewußtsein dafür vorhanden ist, was unter den jeweiligen Gegebenheiten politisch und wirtschaftlich möglich ist und was unter welchen Umständen erst in fernerer Zukunft mit welchen Mitteln erreichbar. Das wird dort übersehen, wo „unbestreitbar", „bekanntlich", „für jeden Kenner deutlich" „am Tage liegt", daß in einer sozialistischen „Diktatur des Proletariats" wirklich das Volk selbst, nicht aber der „große Bruder" oder eine elitäre Bruderschaft bestimmt, was zu geschehen hat.

In einer Zeit, in der auch bei uns die Devise galt: „Die Partei hat immer recht", hat einst die Bekennende Kirche in ihrem Barmer Bekenntnis den Widerspruch der Kirche angemeldet. Es gehört zu dieser Bekenntnistreue, Entwicklungen entgegenzutreten, in denen diesem Recht-haben-wollen einer Partei nur noch unter Existenzgefährdung widersprochen werden kann. Vermutlich stimmt Gollwitzer damit überein. Wahrscheinlich ist das, was er Sozialismus nennt, noch nirgends Realität geworden. Vielleicht weiß auch er, der „Kenner", kein Land zu nennen, in dem das Eigentum an Produktionsmitteln abgeschafft und wo gleichzeitig der Mensch die Herrschaft selbst beherrscht oder auch nur eine wirksame Kontrolle der Herrschenden eingeführt ist. Ich meine vorläufig, daß in unserem parlamentarisch-kapitalistischen System bei all seinen Mängeln weit größere Chancen zur Kontrolle sowohl der politischen wie der wirtschaftlichen Macht bestehen als dort, wo die maßgeblichen Entscheidungen über die Produktionsmittel in die Hände des Staatsapparates wandern. Wäre es nicht nachdenkenswert, ob das nicht vielleicht am System und nicht nur am Versagen von Personen liegt?

Walter Schmithals

Christliche Politik? Politische Verantwortung der Christen!

Eberhard Jüngel hat die „Theologie der Revolution" „immer für den Ausdruck einer theologischen Intelligenzkrise gehalten". Wer dies Urteil für zu hart hielt, bekam es durch Gollwitzers Entgegnung auf Jüngels Aufsatz aus erster Hand bestätigt. Macht Gollwitzer den Sozialismus zum notwendigen Kennzeichen des Christen und der Kirche, hört eine ernsthafte theologische Diskussion auf – was wäre das für eine Theologie, die nicht mehr den Sozialismus kritisch bedenken, sondern sich nur noch in den sozialistischen Richtungskämpfen engagieren dürfte? Dies mögen die Sozialisten unter sich tun, und es wäre interessant zu erfahren, was ein „ernstzunehmender marxistischer Theoretiker" zu dem Sozialismusbegriff Gollwitzers zu sagen hat.

Indessen lohnt sich ein ernsthaftes Gespräch mit Jüngel. Nicht weil er unerhört Neues zu sagen hätte – mit Jüngels Frage nach dem Verhältnis von Theologie bzw. christlichem Glauben und Politik ist unsere Generation – nicht erst sie – groß geworden. Aber wir haben es dabei mit einer Schicksalsfrage gegenwärtiger Theologie zu tun, was durch nichts besser dokumentiert wird als durch die über Helmut Gollwitzer gekommene Erleuchtung, ein Christ müsse Sozialist sein.

Um diese Einsicht auch Jüngel zu unterstellen, greift Gollwitzer dessen Satz auf: „Der christliche Glaube gibt dem politischen Handeln für die Zukunft durchaus konstruktive und konzeptionelle Grundzüge." Setzt man daneben die Feststellung Jüngels, der Mensch solle „mit der irdischen Zukunft der Erde so umgehen, daß wir im kommenden Reich Gottes die von uns zu verantwortenden Reiche der Welt und unsere eigenen privaten Lebensbereiche wenigstens als mißglückte Analogien wiedererkennen können sollten", so signalisiert der Begriff „Analogie", daß Jüngel ebenso wie Gollwitzer jene Anstöße weiterdenkt, die von Karl Barths Schriften „Rechtfertigung und Recht" sowie „Christengemeinde und Bürgergemeinde" ausgegangen sind. Insofern ist der Streit zwischen beiden ein Streit zwischen feindlichen Brüdern – bekanntlich pflegt solcher Streit oft besonders heftig zu sein –, und dem gutmeinenden Nachbarn stellt sich die Frage, ob er nicht Jüngel den Rat geben soll, das gemeinsame Haus lieber ganz zu verlassen.

Jüngel gibt zwei einleuchtende Beispiele für „konstruktive und konzeptionelle Grundzüge", die der christliche Glaube dem politischen Geschäft an die Hand gibt. Einmal sei es Aufgabe politischer Vernunft, die Gegensätze zwischen den Weltgegenden – das Wohlstandsgefälle – abzubauen. Zum anderen müßten wir angesichts der ökologischen Krise das Herrschen über die Natur beherrschen lernen, damit wir nicht zu Knechten der Natur und des technischen Fortschritts werden.

Daß Gollwitzer diese letztere Zumutung an das politische Geschäft dazu benutzt, Jüngel flugs zum Sozialisten zu befördern, mag die „ernstzunehmenden" Sozialisten beschäftigen, denen es kaum recht sein wird, wenn jeder, der angesichts der von Marx emphatisch begrüßten technischen Naturbeherrschung besorgt wird, schon ein Sozialist sein soll: politische Einsicht als solche sozialistisch nennen heißt den Sozialismus aufheben.

Aber es bleibt eine ernsthafte Frage an Jüngel. Daß die beiden von ihm formulierten Zumutungen des christlichen Glaubens an die Politiker keine spezifisch christlichen Zumutungen sind, sondern auch der vernünftigen Einsicht humaner Selbsterhaltung entsprechen, würde er freilich mit Recht kaum als kritische Anfrage auffassen: Es kann den christlichen Zumutungen an das politische Handeln nur dienlich sein, wenn es keine spezifisch christlichen Zumutungen sind.

Gewichtiger ist die Frage, ob der Theologe Zumutungen formulieren darf, die „in ein politisches Programm zu überführen ... Aufgabe des politischen Geschäfts selbst sein muß". Kann er „konstruktive und konzeptionelle Grundzüge" abgesehen von der Praxis theologisch deduzieren – ohne selbst praktisch werden zu müssen? Die beiden „Zumutungen" Jüngels leuchten ohne weiteres ein – aber wie sollen sie praktiziert werden? Kann man die krassen Unterschiede zwischen Industriestaaten und Entwicklungsländern anders aufheben als durch Verbreitung unserer technischen Errungenschaften über die ganze Welt? Bedarf es dazu nicht riesiger Kapitalien, die allein in den technischen Gesellschaften und durch Intensivierung ihrer technischen Leistung aufgebracht werden können? Wird aber durch beides nicht die ökologische Krise ins Katastrophale hinein vertieft? Gibt es einen Ausweg aus diesem Zirkel?

Diese Fragen, wie immer sie beantwortet werden mögen, zeigen m. E., daß die politischen Zumutungen des Glaubens nur *in* der politischen Praxis formuliert werden können. Auch Jüngel scheint sich noch zu keiner völligen Absage an alle Konzeptionen einer „christlichen Politik" durchringen zu können, die sein Lehrer Barth einmal heftig bekämpft hat, um sie dann freilich durch die Hintertüre wieder in die Theologie einzulassen, indem er das Recht analog zur Rechtfertigung, die Bürgergemeinde in Analogie zur Christengemeinde gestaltet wissen wollte.

Jüngel erklärte zwar vor dem Evangelischen Arbeitskreis der CDU/CSU dankenswerterweise, die christliche Gemeinde habe in keiner politischen Partei so etwas wie einen „Sitz im Leben". Aber ist es Zufall, daß er damit keine ausdrückliche Anfrage an das von einer Konzeption „christlicher Politik" getragene „hohe" C der CDU verband?

Daß ausgerechnet Gollwitzer ihm dies verweist, ist zwar kaum mehr als eine rhetorische List. Denn verglichen mit den massiven politischen Forderungen des Theologen Gollwitzer („Ein Christ muß Sozialist sein") sind noch die Hirtenbriefe vor bayrischen Wahlen ausgesprochen liberale, emanzipatorische Aufrufe. Aber tendieren nicht auch Jüngels „konzeptionelle Grundzüge" bereits stärker in Richtung auf eine „christliche Politik", als es angesichts der politischen Verantwortung der Christen tunlich ist?

Auf diesem Feld hat Gollwitzer es einfacher. Er zieht aus dem christlichen Glauben die Forderung nach Sozialismus und sichert sich mit solcher Flucht in das Land Utopia zugleich gegen politische Kritik – wer wollte nicht die beste aller Welten! – und politische Erfahrung – die halbe Welt lebt unter sozialistischen Systemen! – ab. Jüngel sucht dagegen beispielhaft das „gerade noch Mögliche" und stellt es zur Diskussion; das erlaubt kritische politische Nachfrage. Aber innerhalb von Jüngels Ansatz kann solche Kritik eigentlich nur auf *bessere* „Grundzüge" einer „christlichen Politik" zielen, obschon doch die sinnvolle Möglichkeit von christlicher Politik überhaupt in Frage steht.

Jüngel schreibt: „Die Gelassenheit, die sich dessen bewußt ist, daß der Mensch für sein ewiges Heil schlechterdings nichts tun kann und auch nichts zu tun braucht, diese Gelassenheit ist die kreative Prämisse für eine Freisetzung angespanntester Tätigkeit zum Wohle der Welt" – eine glänzende und ausreichende Begründung der politischen Verantwortung des Christen, zumal in Zusammenhang mit der Feststellung: „Die politische Relevanz der Theologie besteht also primär und grundlegend darin, daß die Theologie bei ihrer Sache, daß sie theologisch bleibt". Wenn aber der Christ in diesem Sinne, *von* der Sorge um sein und der Welt Heil und damit *zum* Gehorsam der Liebe befreit, die „Kunst des Möglichen" übt – bedeuten dann nicht *alle* „konstruktiven Grundzüge" für politisches Handeln, von der Theologie auferlegt, eine Beschränkung der durch den Glauben gewährten und in der Liebe zu bewährenden Freiheit, mit der sich der Christ am politischen Geschäft beteiligt? Gerät sonst der Christ nicht immer neu zwischen die „Zumutungen" einer christlichen Ethik einerseits und dem in nüchterner Verantwortlichkeit Möglichen und aus Liebe konkret Gebotenen andererseits? Und wird er dann nicht unvermeidlich in die Versuchung geraten, um des vermeintlich Christlichen willen das politisch Notwendige zu übersehen und das Unmögliche, das „sogenannte Gute", zu tun?

Schreibt Jüngel mit Recht, der christliche Glaube sei „in seinem Zentrum politisch", nämlich da, wo „die Rechtfertigung des Sünders verkündigt" wird, so bedeutet dies m. E. auch, daß der Glaubende keine andere Rechtfertigung für sein politisches Handeln kennt als die Liebe, durch die der Glaube politisch tätig wird. Jedes Mehr an christlicher Ethik, von konzeptionellen Grundzügen bis zu handfesten politischen Programmen, wäre ein Weniger, wäre ein Verlust an jener Freiheit zu liebevoller Entscheidung, die das Handeln des Gerechtfertigten bestimmt. Erst da, wo die politischen Entscheidungen fallen und konkret gehandelt wird, entscheidet sich deshalb, was christliche Ethik ist, was die Grundzüge der „christlichen" Politik sind.

Vielleicht braucht Jüngel dazu nicht einmal aus dem Hause Barths aus-, sondern nur in ein höheres Stockwerk umzuziehen, das Barth in guten Zeiten erbaute, wenn er sich auch nicht allezeit darin wohlfühlte. Immerhin hat er es erbaut: „Gut ist dasjenige Tun des Menschen, in welchem der Mensch für Gottes Gnade dankbar ist. Nichts sonst? Nein, nichts sonst!", so daß es dem ethisch handelnden Christen auch nicht erlaubt ist, „sich an irgendwelche Vorentscheidungen einer höheren Autorität zu klammern"; seine Freiheit zur Liebe gibt ihm im politischen Geschäft die besten Chancen.

Viel anders meint es auch Jüngel wohl nicht. Er betont ja, es gehe „christlicher Verantwortung" fundamental darum, in „ungewöhnlicher Nüchternheit" nach dem Möglichen zu suchen. Hätte er nur dies gesagt, wäre ihm die ärgerliche Anbiederung Gollwitzers wohl erspart geblieben.

Gollwitzer freilich wird in jenem Hause Barths mit dem Keller vorlieb nehmen müssen. Er mag sich damit trösten, daß Barth auch an diesem Keller einst gebaut hat: „So lange ist es schließlich noch nicht her, daß ein wenig in allen Ländern wenigstens protestantischen Bekenntnisses allen Ernstes versucht wurde, das Christentum sozialistisch zu verstehen und umzugestalten." Aber Barth hat nicht lange im Souterrain gewohnt: „Aber nun sehen Sie: Ich bin ehemals religiöser Sozialist gewesen. Und ich bin davon abgekommen..." – erschrocken über „die immer noch zunehmende Verwilderung, Langweiligkeit und Bedeutungslosigkeit des modernen Protestantismus", dem das „Geheimnis" abhanden gekommen ist, „damit er auf Hochkirche, Deutschkirche, Christengemeinschaft, religiösen Sozialismus und ähnliche betrübte Rotten und Sekten um so hemmungsloser hereinfallen" möchte.

Wolfhart Pannenberg

Der Sozialismus – das wahre Gottesreich?

Es gilt als rhetorisch nicht ungeschickt, einem Gegner nachzuweisen, daß er, ohne es zu wissen, das Gegenteil von dem gesagt habe, was er sagen wollte. Der Glanz solcher Argumentation kann freilich, wie das Beispiel von Helmut Gollwitzer gegenüber Eberhard Jüngel zeigt, dazu verführen, sich ihrer auch dann zu bedienen, wenn sie sachlich unbegründet ist und leere rhetorische Stilform bleibt.

Gollwitzer meint, die Forderung eines Zustandes, bei dem „alle Menschen gemeinsam ‚Herr im Haus' zu sein vermögen", sei „unzweifelhaft eine sozialistische Zielsetzung". Das nimmt sich ungefähr so aus wie die Versicherung, nur Persil wasche die Wäsche weiß. Die Vision eines gesellschaftlichen Zustandes allgemeiner Freiheit und Gleichheit, eines Zustandes, in welchem alle Menschen miteinander in Freiheit ihr Leben bestimmen und keiner vom andern geknechtet wird, ist mindestens ebensosehr liberal wie sozialistisch. Es ist keineswegs eine Zielsetzung, die erst der Sozialismus der Menschheit vermittelt hätte. Es handelt sich vielmehr um eine schon der stoischen Philosophie eigentümliche Konzeption von der Natur des Menschen, die das Christentum dann mit den prophetischen Zukunftsverheißungen eines göttlichen Reiches des Friedens und der Gerechtigkeit verknüpft hat. Aus dieser Zukunftsvision des Gottesreiches als eines Reiches der Freiheit leben die demokratischen Ideologien der Neuzeit seit der englischen Revolution des 17. Jahrhunderts.

Wenn die Idee einer Aufhebung der Herrschaft von Menschen über Menschen zur christlichen Hoffnung gehört, deren Licht den Christen auch die Probleme ihrer Gegenwart schon erleuchtet, dann ist damit noch keineswegs gesagt, daß Christen eigentlich Sozialisten sein müßten. Die Differenzen zwischen liberalen und sozialistischen Ideen treten auf, wo es um den Weg zur Herbeiführung eines solchen Zustandes geht. Und es ist nicht von vornherein ausgemacht, auf welcher Seite dieser Auseinandersetzung der Christ sich wiederfindet, und ob er überhaupt für eine der beiden Seiten in diesem Streit Partei ergreifen kann, ohne erhebliche Vorbehalte geltend zu machen.

Der Liberalismus glaubte, daß die freie Entfaltung aller Individuen von selbst auch das allgemeine Wohl fördere, weil das Eigeninteresse auf die Dauer nicht gegen die Interessen der übrigen Glieder der Gesellschaft zum Ziele kommen kann, das wohlverstandene Eigeninteresse also das Gedeihen der ganzen Gesellschaft fordert. Die freie Entfaltung aller ist Bedingung der freien Entfaltung jedes einzelnen. Dem Freiheitspathos des Liberalismus haftet nur leider der Erdenrest des Umstandes an, daß zwar das Eigeninteresse und der Eigennutz den Lauf der Welt regieren, die Grenzen des „wohlverstandenen" Eigeninteresses dabei aber selten eingehalten werden. Es ist ja auch nicht von vornherein ausgemacht, was das dieser oder jener Gruppe, diesem oder jenem einzelnen zukommende Maß, was der ihm zukommende gesellschaftliche Status ist. Die Maßstäbe dafür sind immer wieder Gegenstand politischen Kampfes. Solcher politische Kampf beruht aber schon auf der Anerkennung der Notwendigkeit von Regeln und Maßstäben, die für alle gelten müssen. Das Prinzip der freien Entfaltung der Individuen, für sich allein genommen, könnte nur zum Kampfe aller gegen alle führen.

Der klassische Liberalismus meinte, man brauche nur die reglementierenden Eingriffe des Staates und ererbte Privilegien abzubauen, damit die Freiheit aller zum allgemeinen Wohl zusammenstimme. Der Sozialismus durchschaut das Illusorische dieser Konzeption. Auch er glaubt, daß die freie Entfaltung aller die Bedingung der Freiheit jedes einzelnen ist. Aber als Weg zu diesem Ziel gilt ihm nicht die Förderung der freien Initiative der Individuen, weil er sieht, daß das isolierte, das „private" Individuum faktisch den Freiheitsraum der anderen einengt, vor allem durch das private Eigentum an Gütern, die unentbehrliche Mittel für die Verwirklichung der Freiheit anderer sind. Der Sozialismus fordert daher die Aufhebung dieses privaten Eigentums als Bedingung für die Verwirklichung der Freiheit aller, – und erst an dieser vordringlichen Aufgabe der Gesellschaft soll sich die wahre Freiheit des einzelnen im Unterschied zu privatistischer Willkür und Anmaßung bemessen.

Während also der Liberalismus die freie Entfaltung jedes einzelnen als Weg zur Freiheit aller betrachtet, – zu einem Zustand, wo (mit Jüngel und Gollwitzer zu reden) „alle Menschen gemeinsam ‚Herr im Haus' zu sein vermögen", – sieht der Sozialismus umgekehrt die Befreiung vom Privateigentum „an Produktionsmitteln" als den Weg an, auf dem allein es zur wahren Freiheit für jeden einzelnen kommen kann. Dabei bleibt jedoch der klassische Sozialist insofern dem liberalen Menschenbild verbunden, als er erwartet, daß nach Beseitigung des Privateigentums an Produktionsmitteln das eintreten werde, was der klassische Liberale schon gegenwärtig für möglich hält, daß nämlich die Interessen der Individuen von selbst, zwanglos, miteinander zusammenstimmen zum Gesamtinteresse.

Der Sozialist fällt damit fast im gleichen Maße wie der Liberalismus einer optimistischen Einschätzung des Menschen anheim. Beide sehen nicht, daß, wie die Bibel sagt, der Mensch „böse ist von Jugend auf". Beide erkennen nicht, daß die Menschen nun einmal stets ihre eigene Freiheit auf Kosten anderer entfalten und sich dabei nur in geringem Maße durch vernünftige Einsicht – Einsicht in die Abhängigkeit des eigenen Wohls von dem der anderen – im Zaume halten lassen. Die Entfaltung der eigenen Freiheit auf Kosten anderer beschränkt sich keineswegs, wie der Sozialismus meint, auf das private Eigentum, sondern geschieht ebenso im Streben nach Macht und Einfluß und gesellschaftlicher Anerkennung; sie geschieht in der selbstverständlichen Inanspruchnahme der Dienste anderer, und sogar im Kampf für das allgemeingültig Wahre und Gute gelangt mit der Sache, für die er sich einsetzt, zugleich ihr Verfechter zum Erfolg.

Die Tragik des Sozialismus ist es, daß nach der sozialistischen Revolution, nach der Vergesellschaftung des Produktivvermögens, nicht jene zwanglose Zusammenstimmung der Individuen zustandekommt, die nach der Theorie eintreten sollte. Man gibt natürlich alle möglichen Erklärungen dafür und postuliert immer länger werdende Übergangsphasen. In der Zwischenzeit muß jedoch die Übereinstimmung der Individuen, die sich nun einmal nicht von selbst einstellen will, erzwungen werden, und diejenigen, die dafür sorgen, nehmen für sich im Unterschied zu anderen (und also auf Kosten der anderen) die Kompetenz zur Entscheidung darüber in Anspruch, was das wahre Interesse aller und was um seiner künftigen Verwirklichung willen jetzt notwendig ist.

Darum hat nicht zufällig der Sozialismus, der von der Entschlossenheit zur Verwirklichung der Freiheit aller beseelt war, überall da, wo die sozialistische Revolution gelungen ist, zu politischen Zuständen geführt, die zu den unfreisten gehören, die die Geschichte der Menschheit in der Neuzeit kennt. Es handelt sich dabei nicht nur um bedauerliche historische Fehlentwicklungen, die im Prinzip vermeidbar wären, sondern es handelt sich um Folgen einer falschen Einschätzung der menschlichen Natur in den Grundlagen der sozialistischen Theorie selbst. Auch der Sozialist ist heute, nachdem schon eine Reihe von sozialistischen Revolutionen erfolgt sind, die immer wieder zur Aufrichtung totalitärer Herrschaftssysteme geführt haben, nicht mehr durch Naivität entschuldigt, wenn er treuherzig versichert, beim nächsten Versuch werde das besser gehen. Einen empirischen Anhaltspunkt für derartige Erwartungen gibt es kaum. Im Gegenteil, die vorliegenden geschichtlichen Erfahrungen sprechen dagegen.

Muß man als Christ Sozialist sein, wie Gollwitzer meint? Zum christlichen Glauben gehört untrennbar die Erwartung des Gottesreiches als eines Reiches des Friedens und der Gerechtigkeit, in dem alle Unterdrückung von Menschen durch Menschen beseitigt sein wird. Aber das bedeutet doch wohl nicht, daß dieser Zustand durch die Abschaffung des Privateigentums an Produktionsmitteln zu erreichen ist. Gollwitzer dürfte sich wohl auch nur im Eifer seiner ironischen Argumentation gegen Jüngel dazu haben hinreißen lassen, den Inhalt der christlichen Reich-Gottes-Hoffnung mit dem Markenzeichen „sozialistisch" zu versehen.

Die jüdische und christliche Reich-Gottes-Hoffnung ist nämlich in Verbindung mit einer tiefen Skepsis gegen alle durch Menschen herbeigeführten politischen Umwälzungen entstanden. Erst dann, wenn nicht mehr Menschen über Menschen Herrschaft ausüben, sondern Gott selbst unmittelbar bei ihnen herrscht, werden Friede und Gerechtigkeit endgültig bei den Menschen einkehren. Nicht von der Beseitigung des Privateigentums an Produktionsmitteln erwartet der Christ die Verwirklichung der gerechten Gesellschaft, sondern allein von Gott. Darin liegt nicht nur eine Vertröstung auf ein besseres Jenseits, sondern dieses Jenseits ist jetzt schon die Kraft für das Diesseits. Aber das sieht dann sehr anders aus, als es sich bei Gollwitzer liest. Nur in dem Maße, in welchem Gott in den Herzen der Menschen zur Herrschaft kommt, sind Friede und Gerechtigkeit in ihrem vollen humanen Sinne jetzt schon möglich.

Der sozialistische Wunderglaube, der die Verwirklichung der Humanität als Folge der Abschaffung des Privateigentums an den Produktionsmitteln erwartet, wirkt demgegenüber entwaffnend naiv: Als bedürfte es nur der Beseitigung dieses einen Hindernisses, damit die gute Natur des Menschen sich frei entfalten könnte. Aber dieser Wunderglaube ist keine harmlose Illusion, denn er hat sich in unserem Jahrhundert mit einem Fanatismus verbunden, der dieser Illusion Millionen zum Opfer gebracht hat, ohne daß sich dadurch an der Herrschaft von Menschen über Menschen und an der damit verbundenen Ausbeutung irgend etwas grundlegend geändert hätte. Es bleibt eine rein verbale Versicherung, schlimmer, eine verharmlosende Sprachregelung, die selbst der Aufrechterhaltung solcher Herrschaft dient, wenn gesagt wird, statt Knechtschaft als Korrelat ausbeutender Herrschaft gebe es nach der sozialistischen Revolution „nur noch funktionale Subordination", wie man es leider auch bei Gollwitzer liest.

Mit solchen Redensarten wird heute nur verdeckt, daß die von der

Hoffnung auf das „Reich der Freiheit" beflügelten Gedanken von Marx und Engels nach der sozialistischen Revolution zur Legitimation von Herrschaft und Unterdrückung herhalten müssen. Dafür eignen sich ja auch ganz besonders solche Ideen, die die Unterdrückung für die Wirklichkeit der Freiheit selbst ausgeben. Das hat schon Marx am Beispiel der Verbindung von Liberalismus und Frühkapitalismus beobachtet. Die Wahrheit seiner Diagnose ist nicht auf diesen einen Fall beschränkt. Es ist Mißtrauen am Platze gegen die Emanzipatoren: Aus ihren Reihen kommen die Diktatoren von morgen.

Der These, die Gollwitzer Jüngel unterschiebt, um ihr dann zu applaudieren, – ein Christ müsse Sozialist sein, – dieser These muß man doch wohl zumindest die Frage entgegenhalten: Kann ein Christ heute, nach den Erfahrungen mit den sozialistischen Revolutionen dieses Jahrhunderts, noch guten Gewissens Sozialist sein, Sozialist im strikt marxistischen Sinne? Sollte ihn nicht der enttäuschende Übergang der sozialistischen Revolutionen zu neuen Formen repressiver Herrschaft des Menschen über den Menschen an die realistische Anthropologie der Bibel erinnern und daran, daß erst die Herrschaft Gottes der Sehnsucht der Menschen nach der gerechten Gesellschaft zu endgültiger Erfüllung verhelfen wird?

Wenn es sich beim Sozialismus um diese große Veränderung der menschlichen Verhältnisse denn doch nicht handeln kann, die so lange den Glanz seiner Verheißungen ausgemacht hat, dann ist die Option für den Sozialismus angesichts der enormen Opfer und Risiken, die nach aller geschichtlichen Erfahrung mit sozialistischen Revolutionen verbunden sind, nur aus einer tiefen Verzweiflung am Zustand der westlichen Demokratien verständlich. Die Requisiten aus der marxistischen Mottenkiste, die Gollwitzer zur Rechtfertigung seines negativen Urteils über die bürgerliche Demokratie des Westens anbietet, sind eher als der überwiegend irrationale Ausdruck solcher Verzweiflung zu beurteilen, denn als rationale Begründung, die objektiv zur Verurteilung der vorhandenen Zustände nötigen würde.

Begriffe wie Ausbeutung und Klassenherrschaft eignen sich heute zwar vorzüglich als demagogische Schlagworte. Ihre Funktion als wissenschaftlich präzise Zustandsbeschreibung haben sie weitgehend eingebüßt. Nach der kritischen Auflösung der Marxschen Arbeitswert- und Mehrwerttheorie läßt sich kaum noch objektiv, also jenseits der politischen Auseinandersetzungen um ökonomische Gerechtigkeit im Verhältnis der gesellschaftlichen Gruppen, angeben, was jeweils „äquivalentes Entgelt" für die Arbeitsleistung des einzelnen ist, wo also umgekehrt Ausbeutung vorliegt, indem „fremde Arbeitskraft ohne äquivalentes Entgelt ausgenützt wird".

Vor allem aber ist die Annahme völlig unbegründet, daß solche Ausbeutung nach Durchführung der sozialistischen Revolution aufhören werde. Die zunehmende Abhängigkeit der Individuen voneinander bringt es mit sich, daß jeder mehr oder weniger auf Kosten der übrigen lebt, und die Rangordnung und Bewertung der Beiträge der verschiedenen gesellschaftlichen Gruppen und der Individuen zum Ganzen des gesellschaftlichen Lebens wird immer strittig sein.

Ebenso unscharf ist der marxistische, ausschließlich am Produktiveigentum orientierte Begriff der „Klasse" geworden. Daß die Herrschaftsverhältnisse der heutigen Gesellschaft letztlich auf dem privaten Eigentum an Produktionsmitteln beruhen, ist eine nicht mehr glaubwürdige Vereinfachung. Es ist oft genug dargetan worden, daß die Verhältnisse von Eigentum und Verfügungsgewalt, sowie von ökonomischer und politischer Macht differenzierter geworden sind als im englischen Frühkapitalismus, der das bevorzugte Modell der Analysen von Marx und Engels war. Undifferenziert und irreführend scheint mir auch die These zu sein, daß „bekanntlich" unsere Weltgegend „ihren Lebensstandard der Ausbeutung anderer Weltgegenden" verdanke. Schließlich wird der Großteil des Handelns der Industrieländer heute im Austausch untereinander abgewickelt.

Alle diese marxistischen Schlagworte erklären also nicht die Verzweiflung an der gegenwärtigen bürgerlichen Demokratie, die in den letzten Jahren grassiert, sondern ihr Gebrauch ist nur Symptom. Die tieferen Ursachen solcher Verzweiflung dürften eher in der Veräußerlichung des Lebens zu suchen sein, in der Sinnentleerung, die mit der Industrialisierung und Bürokratisierung der modernen Gesellschaft in „sozialistischen" nicht anders als in kapitalistischen Ländern Hand in Hand geht, im Fehlen eines die Menschen über die Schranken ihrer Individualität und Endlichkeit erhebenden gemeinsamen Glaubens, dessen Inhalt als allgemeingültig, als Wahrheit, einleuchtete und die Menschen daher zwanglos vereinte.

An dieser Stelle sollte der Theologe sich auf seine eigentliche Verantwortung angesprochen fühlen. Hier zeigt sich auch die unmittelbare Relevanz der Herrschaft Gottes in den Herzen der Menschen für das in dieser Welt mögliche Maß von Gerechtigkeit und gesellschaftlichem Frieden. Die marxistischen Schlagworte können heute nur noch als ein Surrogat für die Bewältigung jener Verzweiflung an den Lebensverhältnissen der modernen Gesellschaft gelten. Deren eigentliche Ursache und tiefste Not aber ist die Unsichtbarkeit Gottes in der modernen Gesellschaft, das Bewußtsein davon, daß die Frage nach dem Sinn des menschlichen Daseins in den gesellschaftlichen Verhältnissen, in denen wir leben, keine Gestalt mehr hat.

Dorothee Sölle

Leiden an der Wahrheit ist konkret

Die Diskussion über Eberhard Jüngels Vortrag vor dem Evangelischen Arbeitskreis der CDU/CSU ist bisher wesentlich politisch geführt worden. Fast schien es so, als seien sich theologisch alle einig, da alle im geräumigen Hause Karl Barths wohnen, als gäbe es da nichts mehr zu fragen. Strittig blieben nur die politischen Konsequenzen und die ihnen zugrundeliegende gesellschaftliche Analyse. Da ich nun kein „Sohn aus gutem Hause" bin, sondern eher eine entfernte Verwandte mit unehelichen Kindern, nämlich mit einigen nicht ganz akademisch artikulierten Büchern, legt es sich für mich nahe, einige der Voraussetzungen noch einmal zu befragen.

Distanz ohne Leiden

Jüngel schärft den Abstand des Glaubens von der Politik ein; „Abstandnahme", „Distanz" und die Fähigkeit zur „Unterscheidung" einzuüben, ist sein lerntheoretisches Ziel; eine Polemik gegen Effizienz, Praxis oder gar publizistische Effekte fügt sich in dieselbe Tendenz. Auch der Stil Jüngels ist vor allem durch Überlegenheit und Distanz geprägt, direkte Bezugnahmen werden vermieden; mitunter hat man den Eindruck, der Arbeitskreis der CDU/CSU hätte ebensogut einen Systematiker etwa aus Toronto einladen können – statt den Staatsbürger eines CDU-regierten Landes, dessen Regierung vor kurzem befand, daß Konzentrationslager für chilenische Sozialisten in Chile doch besser seien als Asyl in Baden-Württemberg.

Aber der gewisse Akademismus, dem die Wahrheit nicht allzu konkret werden darf, ist mehr als eine bürgerliche Attitüde; er ist ein Bestandteil des Theologisierens selber. Die Theologie soll „bei ihrer Sache", sie soll „theologisch" bleiben.

Aber ist die Theologie bei ihrer Sache, wenn sie bei sich selber, wenn sie „theologisch" ist? Ist sie bei sich selber im Abstand von der Wirklichkeit der Welt? Es fällt mir immer schwerer, Theologie und Christsein sauber zu unterscheiden, wie eine der wichtigsten Forderungen der akademischen Theologie es will. Die großen Theologen, die ich liebe und von denen ich gelernt zu haben glaube, zum Beispiel Pascal und Kierkegaard, haben ihre reale Existenz als Christen niemals in der gleichen Weise auf theologischen Abstand getrimmt. Wann ist die Theologie bei ihrer Sache?

Vor etwa zwei Jahren kam eine Gruppe amerikanischer Theologen und Kirchenführer in die Bundesrepublik, um mit den hiesigen Christen über Vietnam zu sprechen. Leider hatten die westdeutschen Kirchenführer keine Zeit, sie zu empfangen. Ist das die Distanz, die Jüngel fordert? Sollten die Kirchenführer ihre Gelder verwalten und die Theologieprofessoren die Rechtfertigungslehre vervollkommnen, um so bei ihrer Sache zu bleiben? Oder liegt die Sache der Theologie woanders, nämlich da, wo Menschen heute leiden? Ist ein junger Pfarrer bei seiner Sache, wenn er einen Mieterstreik mitorganisiert oder wenn er seine Predigt gründlich vorbereitet? (Ich weiß auch, daß diese Alternative miserabel ist, aber eben so miserabel wie die Realität oft ist.) Brauchen wir eigentlich Theologen, die die Botschaft am Leben erhalten und weitertragen oder brauchen wir vor allem Christen? „Nur wer für die Juden schreit, darf auch gregorianisch singen", hat Bonhoeffer gesagt. Wagt einer zu behaupten, es sei jetzt nicht die Zeit zum Schreien, es gäbe keine Juden mehr? Und wie will Eberhard Jüngel seine Gregorianik rechtfertigen?

Das Wahrheitsmoment, das ich in Jüngels Vorliebe für die Distanz finde, ist, daß wir besser schreien, wenn wir auch gregorianisch singen – will sagen: die unverwertbare Wahrheit suchen. Aber dieses Wahrheitsmoment wird durch eine undialektisch gedachte Distanz gerade zerstört. Wörter wie Nähe, Betroffensein, Engagement dürfen sich bei Jüngel nicht hervorwagen. Darum wird die gepriesene „Gelassenheit" zur Kälte, die „Nüchternheit" zur Unterwerfung unter die Sachzwänge und die akademische Theologie zum Schutz vor Berührung und Nähe. Mag man bei Paulus einiges zur Distanz des Christen von dieser Welt finden, bei Jesus findet man vor allem den Schmerz. Die totale Abwesenheit von Schmerz, von Sensibilität für die heute Leidenden, in einem langen anspielungs- und reflexionsreichen theologisch-politischen Referat auf hohem Niveau – das ist der härteste Vorwurf, den ich Jüngel mache, und das scheint mir viel schlimmer als sein feingeistiger Antikommunismus.

Person ohne Verhältnisse

Der Distanz ohne Nähe als einer theologischen Attitüde entspricht in der anthropologischen Aussage Jüngels die Person ohne Taten. Wiederum scheint mir die Wahrheit, daß nämlich der Mensch „mehr als die Summe seiner Taten und Unterlassungen" und „vor allem Handeln" von Gott geliebt ist, unverzichtbar. Problematisch und unbiblisch, jedenfalls im Sinne des Alten Testaments, scheint mir aber die

Auslegung des „Menschen" als Person, als Individuum. Da bleibt der Mensch doch immer noch ein „außer der Welt hockendes Wesen" und wird nicht im Ensemble der gesellschaftlichen Verhältnisse begriffen.

Gott liebt uns zwar *vor* allem Handeln, aber doch nicht außerhalb unserer Realität und doch nicht so, wie er, sagen wir mal, die Steine liebt. Die festzuhaltende theologische Unterscheidung von Person und Taten wird für mich wesentlich anders theologisch-politisch produktiv: Ich gehöre zwar – aufgrund meiner Taten und Unterlassungen – zu der menschenfeindlichen, ausbeuterischen, alles Leben bedrohenden Klasse der weißen reichen Imperialisten, aber ich bin mehr als meine Taten und Unterlassungen, mehr als mein so vorgezeichnetes Schicksal. Ich kann den „Verrat an der eigenen Klasse", der Klasse der Nixons und Vorsters, täglich und mühselig neu vollziehen. In Christus bin ich mehr, als mein Geburtsschicksal mir vorzeichnet, ich, der Sklave dieser unsäglichen Erniedrigung, die der Kapitalismus ja nicht nur den ausgebeuteten Völkern, sondern ebenso uns, den Kollaborateuren der Ausbeutung antut. Ich, der vielleicht in einer elektronischen Fabrik Spulen herstellt, die auf einigen Umwegen in Afrika dabei helfen, die Schulen der Frelimo im Busch zu finden und zu zerstören („Taten") oder ich, der alles dieses weiß und doch nicht in der Lage ist, als Lehrer die kapitalistischen Werte wie Bequemlichkeit, Reichtum und Sicherheit als Götzen zu entlarven und den neuen Weg zu finden („Unterlassungen") – in Christus bin ich in der „Tat" mehr, ich bin mit anderen zusammen auf einem neuen Weg. Meine Hoffnungen werden andere. Zum Beispiel der Zwang zur Karriere relativiert sich; meine Ängste vor dem Berufsverbot auch in seinen feineren Schattierungen verringern sich, meine Wünsche werden konkreter und leidenschaftlicher. Ja, ich traue Gott zu, daß er meine Agressionen nicht kastriert, wie es meine Feinde gern hätten, aber gebraucht. Etiam peccata!

Gott „zieht mich hinter meinem Rücken hervor", wie Augustinus sagt, das ist mehr als meine Realitätserfahrung, mehr als mein Tun und Lassen, mehr als mein Über-ich, das sie mir angebändigt haben. Die Unterscheidung von Person und Taten ist notwendig, aber es gibt eine Tendenz, den Personbegriff so weit zu abstrahieren, ihn so zu entleeren und vom realen Leben abzulösen, daß Gott am Ende in der Tat nur noch Steine gnädig berieseln kann. Die Produktivität der Unterscheidung selber, die gerade darin bestünde, mich vor meinem eigenen Urteil zu retten, den Feind nicht zum totalen Feind zu erklären, die Veränderung aller zu glauben – diese Produktivität der Unterscheidung wird bei Jüngel abgeschwächt, wenn nicht zunichte gemacht. Jüngel zieht als Beispiel für die Relevanz der Unterscheidung zwischen Person und Taten die Abschaffung der Todesstrafe heran. Aber die Lebensstrafe dafür, in der falschen Klasse geboren zu sein – zum Beispiel das Fließband, – ist nicht abgeschafft. Die MTM-Methoden, in denen die Berechnung der Arbeitsleistung so perfektioniert ist, daß „überflüssige Bewegungen" wie Aufheben eines Stückes, das hingefallen ist, Träumen, eine nicht zweckhafte Armbewegung machen usw. als für die Produktion unerwünscht fortfallen, bzw. vom Stücklohn abgezogen werden – diese Formen der Verwertung von Menschen werden nicht reflektiert.

Wo bleibt denn dieser unveräußerliche Personkern jenseits allen Tuns – in der Produktion, in der Wissenschaft, die sich zunehmend nach den alles beherrschenden Mustern kapitalistischer, profitorientierter Verwertbarkeit orientiert? Was bringt denn die Unterscheidung noch, wenn die „Taten", oder, um es endlich materialistisch zu formulieren, die „Verhältnisse" die Person verkrüppeln oder vernichten? Will Jüngel denn idealistisch behaupten, daß der Mensch unzerstörbar sei, auch nach 40 Jahren Akkord? Oder will er, christlich, darauf hinaus, daß es nun doch und für alle ein Leben *vor* dem Tode gibt?

Ein Theologiestudent erzählte mir, er sei von einer Kirchenbehörde allen Ernstes gefragt worden, ob Richard Nixon gerechtfertigt sei. Der junge Mann geriet ins Stottern – Gott sei Dank war sein Gehirn noch nicht theologisch vollautomatisiert. Aber wenn man sich auf dieses makabre Spiel einmal einläßt, so kann man doch theologisch begründet nur sagen: Nein! Die Rechtfertigung der Gottlosen geschieht „sola" und nicht „sine fide", aus Glauben, Umkehr, Neuanfang, und dieser Glaube ist nicht die nette Meinung, daß Richard es ja immer gut gemeint habe. Nixon hat den Massenmörder Calley privilegiert, statt sich zu ihm auf die Anklagebank setzen, und in diesem geistlichen Zustand seiner Person ist auch die Gnade Gottes nicht imstande, ihn mir nichts dir nichts zu rechtfertigen – er müßte schon einmal von neuem geboren werden, und das heißt einmal gestorben sein. Billiger ist es leider nicht zu machen, und wir müssen theologisch annehmen, daß sich Richard Nixon zur Zeit in der von ihm selbst aufgebauten Hölle befindet.

Glauben ohne Liebe

Vielleicht ließe sich mit Jüngel an diesem Punkt noch Übereinstimmung erzielen. Aber dann hätte ich den tiefsten Dissensus noch nicht artikuliert. Es gibt eine Erzählung des großen argentinischen Schriftstellers Jorge Luis Borges über Melanchthon mit dem Titel „Ein Theologe im Tod" (abgedruckt im: Almanach für Literatur und Theologie, Bd. 5, Wuppertal 1971). Melanchthon hält sich in der Ewigkeit auf, wie er meint im Himmel, und schreibt dort über die Rechtfertigung durch den Glauben. „Wie es seine Gewohnheit war, sagte er kein einziges Wort über die Liebe", ja auf Anfragen der Engel erklärt er sogar, „daß die Seele der Liebe entraten kann und daß, um in den Himmel einzugehen, allein der Glaube genügt."

Borges stellt nun dar, wie die Dinge, Räume, Kleider, Gerätschaften, Personen und Verrichtungen um Melanchthon herum sich immer mehr auflösen, gesichtslos werden, wie Kälte und Starre immer mehr zunehmen. Es ist eine geniale Darstellung dessen, was Eberhard Jüngel in seinem Buch über den Tod auf den Begriff „Verhältnislosigkeit" gebracht hat. Am Ende ist Melanchthon, der sich immer noch im Himmel glauben will, „als ein Knecht der Dämonen gehalten."

Ich vereinfache jetzt natürlich und mache mich angreifbar – aber wo steht denn geschrieben, daß die wichtigsten Theologenziele Distanz und Unangreifbarkeit seien? Jüngel kommt mir vor dem evangelischen Arbeitskreis der CDU/CSU vor wie dieser im „reinen" Glauben und in der totalen Verhältnislosigkeit erstickende Melanchthon. Dazu gehören einige bürgerliche Eigenschaften – wie die Emphase der Wissenschaftlichkeit, das Rollenspiel im Narrenkleid, die scheinbare Überparteilichkeit. Zu Beginn kontrastiert Jüngel den geläufigen Politikbegriff von der Kunst des Möglichen mit Jesu Satz „Alles ist möglich dem, der glaubt." Aber er entschärft und verkleinert diesen ungeheuren Satz, indem er ihn in den Abstand von der Realität zurücknimmt, letzten Endes entweltlicht, und auf Gottes Handeln an der Person reduziert. Die Virulenz des Satzes Jesu geht so zugrunde, jedenfalls für die Theologie, die bei ihrer Sache zu sein glaubt, wenn sie bei sich selber bleibt und sich auf ihre Selbstrepetition beschränkt.

Über Jesu Sache in der Welt aber brauchen wir uns keine Sorgen zu machen; ich vermute, daß sie heute in anderen Händen und anderen Sprachen besser aufgehoben ist. Die Arbeiter der Uhrenfabrik LIP in Frankreich haben, als ihre Fabrik geschlossen werden sollte, Leitung, Organisation, Produktion und Verkauf selber übernommen. Einer ihrer Leitsätze war schon früher in der Arbeiterbewegung aufgetaucht: „Tout est possible" (alles ist möglich). Wahrscheinlich wußten sie nicht, aus welchem revolutionären Buch der Satz stammt, aber ich denke, daß der Erzbischof von Besançon, der sie unterstützte und es dabei auch an der gebührenden Distanz des Glaubens von der Politik fehlen ließ, vielleicht wußte, was er tat.

Was heißt da oder welchen Sinn hat da die Polemik gegen Aktionismus? „Tout est possible" ist ein Satz des Glaubens, und wenn ein Lehrling ihn auf die Fabrikwand schreibt, so ist das ein Akt des Glaubens, der Befreiung, der Menschwerdung des Menschen. Kann denn ein Christ da noch hingehen und die nachgerade schwachsinnige Frage, wo denn da Gott oder die Vertikale oder das Höhere sei, noch einmal wiederholen? Und müssen nicht immer mehr Christen lernen zu hören, wo die subversiven Sätze des Evangeliums heute gesagt werden? Ist es so absurd zu erwarten, daß Christen die Augen aufmachen und Christus sehen, wie er da ist, redend, handelnd, mitten unter uns? Die Geschichte Jesu erzählen heißt sie heute weitererzählen, wie sie heute geschieht, die Kreuze und auch die Wunder. Tout est possible – das bedeutet, daß wir den Abstand des Glaubens von der Politik, der da ist und innerhalb einer bestimmten Klasse für tolerabel, unabänderlich und letzten Endes gerechtfertigt gehalten wird, in unserem Leben und mit unserem Leib verringern, im Interesse derer, die, auch mit Hilfe dieses Abstandes, um ihr Leben betrogen werden.

Die Religion hat bekanntlich in komplexen Industriegesellschaften zwei mögliche Funktionen: sie kann stabilisieren, die Beschädigungen der Einzelnen auffangen, trösten und erträglich machen, was nicht zu ertragen ist. Diese Erwartung des Arbeitskreises der CDU/CSU hat Jüngel erfüllt. Oder sie kann mobilisieren, die Beschädigten stark machen, befreien und unerträglich machen, was man uns als erträglich einreden will. Der Glaube kann Schmieröl für die bestehende Gesellschaft sein, aber ist er dann noch der Glaube des armen Mannes aus Nazareth?

Martin Kriener

Die Schwierigkeiten mit der politischen Predigt

Die politische Predigt ist seit einiger Zeit bei uns im Gerede, in der evangelischen Kirche noch mehr als in der katholischen. Man kann dies als eine typische Krisenerscheinung bezeichnen. In der Tat: Daß die Predigt, das Herz des evangelischen Gottesdienstes und mit die wichtigste Lebensäußerung der Kirche, gegenwärtig eine höchst kritische Phase durchläuft, ist kaum zu bestreiten. Was ihr offenbar auf weite Strecken fehlt, ist der Glanz, das Zwingende und damit die Aura des Selbstbewußt-Selbstverständlichen und seiner Sache Gewissen.

Kommt dies daher, daß die Predigt zumeist im Individuellen haften bleibt, das heute immer weniger als allein oder auch nur primär bedeutsam angesehen wird? Müßte sie also, um funktionsgerecht zu sein, viel mehr auf den Menschen als Gemeinschaftswesen, auf seine sozialen Bezüge eingehen, – mit einem Wort – *politischer* sein? Gewiß: Wer heute über die Krise der Predigt nachdenkt, kommt meistens über kurz oder lang auch auf die politische Predigt zu sprechen. Nur daß es *die* politische Predigt zur Zeit gar nicht gibt, sondern lediglich verschiedene Typen derselben, die sich – etwas grobschlächtig – in zwei Gruppen einteilen lassen.

Politische Predigt hat es in der Kirche der Reformation immer schon gegeben und gibt es in der Gegenwart selbst dort, wo man betont, das wesentliche Interesse der Kirche sein kein politisches. Etwas paradox läßt sich darum hier von „unpolitischer politischer Predigt" reden. Sie wird heute von etwa drei bis vier theologischen Gruppen vertreten, die sich hier überraschend einig sind: Lutheraner, ein Teil der Schüler Barths und Bultmanns – spitz formuliert: die „rechten Jünger" der beiden großen Meister –, und die sogenannten „Evangelikalen".

Zweierlei kennzeichnet diesen Predigttypus: Einmal die Sorge, die politische Predigt könne ihr Schwergewicht ausschließlich auf das Tun des Menschen verlagern, also gesetzlich werden, wo doch Predigt vorrangig Evangeliumspredigt zu sein, mithin von Gottes großen Taten, Jesu Christi Tod und Auferstehung, von Rechtfertigung und Versöhnung zu reden habe, demgegenüber alles andere, auch die politische Verantwortung des Christen, minderen Ranges sei.

Zum anderen ist in dieser Sicht nicht die Kirche, sondern der einzelne Träger politischer Verantwortung. Ihm hat die Predigt nur indirekte politische Weisungen zu erteilen, nur „Leuchtfeuer und Wegmarkierungen" (W. Künneth) zu setzen, d. h. immer aufs neue seine Verantwortung vor Gott und gegenüber seinen Mitmenschen in Erinnerung zu bringen. Die Kirche darf, ja muß sich aus so vielen politischen Streitfragen heraushalten, weil ihr Interesse nicht so sehr der Substanz wie der Motivation politischen Handelns gilt: es soll menschlich sein, so daß auch im Gegner immer noch der Bruder gesehen wird, ohne Fanatismus und Haß, am liebsten auch ohne Gewalt, jedenfalls stets sachlich und nüchtern, kurz so, wie genau genommen es nur ein wahrer Christ zuwege bringt. Daß eben dieser auf den Plan tritt und die ihm zukommende Verantwortung auch im Politischen erkennt, ist das ausschließliche Anliegen der Predigt: „Die den Christen zur politischen Verantwortung frei setzende Predigt des Evangeliums stellt das der Kirche eigentümliche Mittel der politischen Diakonie dar" (Walter Schmithals).

So einleuchtend das zunächst klingen mag, ist dieses Modell politischer Predigt doch seit geraumer Zeit in das Kreuzfeuer der Kritik geraten. Da wird gefragt, ob eine Kirche, deren Predigt nur auf das Individuum und bei ihm lediglich auf das Wie, nicht auf das Was seines politischen Handelns und Entscheidens ausgerichtet ist, nicht in Gefahr sei, unterschiedslos alles politische Handeln und Geschehen zu rechtfertigen und zu glorifizieren. Und hat nicht dieses „individualisierende Moment" (Helmut Gollwitzer) der herkömmlichen – durch die lutherische „Zwei-Reiche-Lehre" geprägten – politischen Ethik und politischen Predigt die Kirche, von wenigen Ausnahmen abgesehen, blind und taub gemacht für die Erfordernisse des durch die Industrialisierung im 19. Jahrhundert ausgelösten sozialen Umbruchs, wie auch für die fürchterliche Barbarei des Nationalsozialismus vor 40 Jahren?

Wenn im Stuttgarter Bekenntnis von 1945 die Kirche sich schuldig bekannte, weil sie zu dem Entsetzlichen der nationalsozialistischen Ära geschwiegen hatte, so kann und muß gefragt werden, ob solch ein Bekenntnis nicht den Vorsatz einschließt, es künftig besser zu machen, Unrecht und Gewalt samt den Schuldigen bei Namen zu nennen, wie es zum Beispiel die alttestamentlichen Propheten, Jesaja, Jeremia, Amos und andere taten. Und eben dies ist eins der wichtigsten Anliegen der sogenannten politischen Theologie und ihrer Predigt.

Damit die Kirche sich nicht noch einmal durch Schweigen schuldig mache, damit sie nicht noch einmal sozusagen im vollen Ornat vermodere, weil ihr „Betrieb" unangefochten weiterläuft, während um sie her die schlimmste Unmenschlichkeit herrscht, muß die Predigt von dem reden, was in der heutigen Welt geschieht, von dem fürchterlichen Elend, in dem Millionen Menschen vor allem in den Ländern der Dritten Welt zu leben gezwungen sind, von Ausbeutung, Hunger und menschenunwürdigem Dasein, aber auch von dem Zusammenhang, der zwischen dem Elend dort und unserem hohen Lebensstandard hier besteht, und das heißt letzten Endes: von unserer christlich-europäischen Schuld an diesem Weltgegensatz von Arm und Reich, weil wir auf Kosten der Armen leben: „Mit jeder Banane, die ich esse, betrüge ich diejenigen, die sie anbauen, um den wichtigeren größeren Teil ihres Lohnes und unterstütze die United Fruit Company bei ihrer Ausplünderung Lateinamerikas" (Dorothee Sölle). Information, Wachrütteln der Gewissen und damit zugleich Aufruf zur Buße ist hier also die Aufgabe der Predigt: daß das Schlimme, das in der Welt geschieht, als Frage an die Christen und als Infragestellung ihrer christlichen Existenz verstanden werde.

So geistlich legitim und wichtig sich dieses Anliegen auf den ersten Blick ausnimmt, sowohl von der Tradition der alttestamentlichen Propheten als auch vom Stuttgarter Bekenntnis her, so unklar und verschwommen bleibt doch, was hier unter „Buße" verstanden ist: Worin soll sie bestehen, beziehungsweise was haben wir Christen hierzulande zu tun, damit der fürchterliche Gegensatz von reichen und armen Völkern aufgehoben wird? Wo diese Frage unbeantwortet und unbeantwortbar bleibt, da weist auch jeder Aufruf zur Buße ins Leere.

Freilich gibt es Unrecht, Ausbeutung und Mißachtung der Menschenwürde nicht nur in fernen Ländern und Erdteilen, sondern auch unter uns, bei denen, die am Rande der Gesellschaft und im Schatten des Wirtschaftswunders leben, etwa den sozial Angeschlagenen, den Gastarbeitern, den psychisch Kranken oder überhaupt den Leistungsunfähigen oder -unwilligen. So bilden auch diese gern das Thema für eine politische Predigt, die zum Engagement für eine menschlichere Welt aufruft, in der alle ohne Ausnahme das gleiche Recht auf Leben und freie Entfaltung ihrer Persönlichkeit haben, eine humane, eine nicht nur dem Namen nach, sondern wahrhaft demokratische, repressionsfreie Gesellschaft.

So anerkennenswert es ist, wie hier christliche Existenz vor allem oder ausschließlich als „Pro-Existenz" verstanden sein will und die Kirche nach dem Bonhoeffer'schen Wort entsprechend als „Kirche für andere", und so wenig es auch bestritten werden kann, daß auf diesem Gebiet ein Nachholbedarf für die Kirche besteht, zumal bei uns in Deutschland, so muß nun doch gefragt werden, ob bei dieser Art politischer Predigt die Perspektiven stimmen. Da die Predigt auf den einzelnen zielt, kann sie nicht gut Forderungen erheben, die nur die

Allgemeinheit leisten kann, und die das Individuum schlicht überfordern. Hier ist offensichtlich die richtige Ebene verfehlt – ein Übel, an dem derzeit ungemein viele Predigten leiden, die mit großem Ernst und Eifer soziales und politisches Engagement als das heute christlich Gebotene fordern. Es ist nicht erkennbar, was auf diese Weise anderes erzeugt werden kann als eine immense Frustration, wofür Müdigkeit und Unwille, mit denen viele Hörer auf solcherart Predigten reagieren, deutliche Anzeichen sind.

Gerade die Überwindung dieser Frustration wird im sogenannten „Politischen Nachtgebet" angestrebt. Die Thematik bleibt die gleiche, nur daß hier ungleich systematischer und konzentrierter vorgegangen wird. Das sind die beiden Momente, die die Stärke des Politischen Nachtgebetes ausmachen: das immer neue Aufspüren und Zursprachebringen von Problemen und Skandalen unserer politischen und gesellschaftlichen Wirklichkeit, jenseits und vor allem auch diesseits der Grenzen unseres Staates, und dazu das Hinausdrängen über das bloß Verbale, über Anklagen und Selbstanklagen, zur notwendigen und womöglich auch notwendenden Tat, die aber eben, um einigermaßen wirksam werden zu können, die Gemeinschaft Gleichgesinnter und -engagierter braucht. Hier also soll die geforderte Buße nicht leer und folgenlos bleiben, sondern zur Tat drängen; nicht dem einzelnen werden Lasten aufgebürdet, die ihn überfordern, sondern die aus der politischen Predigt zu folgernden politischen Aktionen werden der Gruppe als ihrem zuständigen und leistungsfähigen Träger überantwortet.

Ohne Zweifel hat hiermit die gegenwärtige „politische Theologie" eine ihrer Spitzenleistungen vorzuweisen; nur zeigt sich hier auch die Problematik des Ganzen besonders deutlich. Denn es hat sich je länger desto mehr gezeigt, daß das „Politische Nachtgebet", wie es vor allem Frau Sölle initiiert hat, nicht eigentlich in die bestehende Kirche integriert werden kann; von den sonstigen Hervorbringungen der „politischen Theologie" gilt dies um so mehr, je enger sie in ihren theologischen Voraussetzungen mit der Sölleschen Konzeption verwandt oder je stärker sie von ihr beeinflußt sind.

Nach Dorothee Sölle hat die Kirche nur dann noch eine Überlebenschance, wenn sie sich frei macht von allem „Theismus" – der berühmtberüchtigte Vers: „Es rettet uns kein höh'res Wesen, kein Gott, kein Kaiser und Tribun..." kann durchaus als ein Fundamentalsatz ihres Glaubensbekenntnisses verstanden werden – und wenn sie das Christliche ausschließlich im politischen Engagement für eine Verbesserung der Lebensumstände aller Menschen sieht, wie es schließlich auch der Absicht des wirklichen – nicht des von der Kirche später mit allerhand unnötigen Dogmen übermalten – Jesus entsprach. Was Dorothee Sölle dabei als Globalziel vorschwebt, nennt sie – reichlich unklar – „den gerechten Frieden, der herstellbar ist", oder „die Möglichkeit eines sinnvollen Lebens für alle Menschen", also eine gewisse undogmatische oder liberale Variante zur Marx'schen klassenlosen Gesellschaft. In bezug darauf möchte man wohl mit Nikodemus fragen: „Wie mag solches zugehen?"

Wenn es sich so verhält, daß in dieser Art politischer Theologie und politischer Predigt das – geforderte und zu leistende – Tun des Menschen das – geschehene und ein für allemal gültige – Tun Gottes völlig verdrängt hat, dann ist zu verstehen, daß traditionell fromme Kirchenchristen darin den Totalausverkauf von Glauben und Kirche erblicken, wozu nur ein schneidend unnachgiebiges Nein gesagt werden kann, worauf dann von der Gegenseite prompt der Vorwurf der Rückständigkeit und hoffnungsloser Provinzialität kommt.

Ist das indessen überhaupt eine wirkliche Alternative: Göttliches *oder* menschliches Tun als ausschließlicher Inhalt der Predigt? Evangeliumspredigt ohne Politik (wenn man von an den einzelnen gerichteten einigermaßen blutleeren Allgemeinplätzen absieht) oder politische Predigt ohne Evangelium – ist das nicht vielmehr eine der offenkundigen „falschen Alternativen" (Heinz Zahrnt), die zu überwinden zu den wichtigsten Aufgaben heutiger Theologie und Kirche gehört? Das ist die Frage.

Wenn, wie es derzeit geschieht, jede Seite den Verderb der Kirche exakt auf der Gegenseite sieht, entweder in der völligen Politisierung mit deutlichem Trend zum Sozialismus oder umgekehrt in einem gewissen politischen Desinteresse mit starker systemstabilisierender Wirkung, dann liegt der Verdacht nahe, der Schade könne gerade von der Konfrontation, der Absolutsetzung des eigenen Standortes und der Disqualifizierung der Gegenseite herrühren. Darum sollen die folgenden Erwägungen in diese Richtung gehen: Was ist von der einen und was ist von der anderen Seite bedeutsam und unaufgebbar, und läßt sich daraus eine einigermaßen einheitliche Konzeption politischer Predigt gewinnen?

Die Predigt der Kirche Jesu Christi ist zuerst und zuletzt Verkündigung des Evangeliums, d. h. Rede von dem Heil, das Gott dem Menschen in Christus zugewandt hat und dessen endgültiger Offenbarung wir entgegengehen. Dem ist aller Predigtinhalt unterzuordnen – das gilt auch für die politische Predigt. Die Predigt aber, die beides, Evangeliumspredigt und politische Predigt, ist, wird kaum etwas anderes sein können als Predigt von der Hoffnung auf das „kommende Reich", das wir Menschen weder herbeiführen noch aufhalten können.

Es ist zwar richtig, wenn Dorothee Sölle, die „Mutter" des „Politischen Nachtgebetes", immer aufs neue wieder darauf hinweist – und andere Vertreter der „politischen Theologie" mit ihr –, daß aus dieser traditionellen christlichen Hoffnung im Laufe der Kirchengeschichte nur zu oft eine quietistische Fehlhaltung erwachsen ist, die sozusagen mit den Händen im Schoß Gottes Kommen erwartet und viel zur Stabilisierung der bestehenden Machtverhältnisse mit Unrecht, Ausbeutung und Unterdrückung beigetragen hat. Deswegen aber diese Hoffnung als ein unzeitgemäßes und überflüssiges, ja schädliches Relikt aus dem Spätjudentum preiszugeben und statt dessen die Erneuerung der Kirche von einer „atheistischen Theologie" zu erwarten, kann nicht gut als ein theologisch-kirchlich besonnenes Unternehmen bezeichnet werden.

Einmal ist es eine schlichte Illusion zu meinen, dadurch werde die Kirche für den modernen Menschen attraktiver – im Gegenteil, die „Gebildeten unter ihren Verächtern" sehen darin zumeist nur eine Vernebelungstaktik, um dem Eingeständnis zu entgehen, daß christlicher Glaube und Kirche völlig am Ende sind, wofür zahlreiche Zeugnisse vorliegen. Zum anderen ist nicht eigentlich zu erkennen, was anderes bei einer solchen „atheistischen Theologie" herauskommen könnte als die ideologische Überhöhung eines mehr oder weniger scharf konturierten politischen Programmes.

Auf der anderen Seite gibt es darüber doch wohl keine Diskussion – und jeder, der die Bibel kennt, weiß es –, daß die recht verstandene christliche Hoffnung gerade nicht lähmt, sondern in Bewegung setzt, die Sorge um den Mitmenschen und sein Wohl nicht unwichtig macht, sondern ihr höchsten Stellenwert zuerkennt. Auch die Kirchengeschichte lehrt, daß die richtige und wichtige Erkenntnis dieses Zusammenhanges zwar oft verschüttet werden, aber niemals ganz der Kirche abhanden kommen konnte und sich immer wieder siegreich gegenüber aller Verfälschung durchgesetzt hat.

Auch darüber dürfte es eigentlich keinen Streit geben, daß uns Christen heute politische Veranwortung oder Weltverantwortung aufgegeben ist. Wenn zur Begründung dafür mit dem Versagen der Kirche in Deutschland während der Hitlerzeit und mit der Stuttgarter Schulderklärung von 1945 argumentiert wird, dann muß dem vorbehaltlos zugestimmt werden. In diesem Zusammenhang darf auch die Frage nicht leichthin abgetan werden, ob sich hier nicht am Ende ein Kardinalfehler der lutherischen „Zwei-Reiche-Lehre" gezeigt habe, weil nach dieser Konzeption der einzelne Christ mit seiner politischen Verantwortung im Grunde alleingelassen ist. Es stellt der protestantischen Christenheit in Deutschland kein allzu gutes Zeugnis aus, wenn diese

Zwei-Reiche-Lehre immer noch weithin unkritisch gelehrt und gepredigt wird.

Genau an dieser Stelle setzt nun die „politische Theologie" mit ihrem Anliegen ein: Politische Verantwortung der Kirche ist eine zu ernste und gewichtige Sache, als daß sie an den Rand gehörte, zu den zweit- oder drittrangigen Interessen und Sorgen. Sie betrifft die Kirche als ganze und nicht bloß den einzelnen Christen. Es wäre sehr viel gewonnen, wenn sich darüber unter evangelischen Christen Einigung erzielen ließe. Aber es sieht ganz so aus, als ob wir davon noch weit entfernt wären.

An zwei Schwerpunkten politischer Predigt läßt sich besonders deutlich zeigen, welche Chancen sie hat, wenn die Verkrampfung der Polarisierung sich gelöst hat und das Wichtige und Unaufgebbare beider Seiten zu seinem Recht kommt, wobei vor allem auch daran zu denken ist, daß solche Art politische Predigt sich integrieren lassen sollte in die bestehende Kirche und die bestehende Gemeinde am Ort.

Erstens: Information über die Not der Menschen in der Dritten Welt, über akute Notstände wie etwa die entsetzlichen Kriege der nach- oder neokolonialen Ära – man denke an Vietnam, an Biafra oder Portugiesisch-Afrika – samt ihren ebenso schlimmen wie langen Nachwirkungen, über chronische Übel von Unrecht und Gewalt – man denke an Chile – oder über fürchterliches Elend wie das in den Ländern der Sahel-Zone in Afrika, und dazu – nicht zu vergessen – die dringende Frage nach der Schuld oder Mitschuld der Europäer an all dem – dieses sollte sicherlich ein fester Bestandteil des gottesdienstlichen und gemeindlichen Lebens werden. Die Fürbitte der Gemeinde muß sich aus der frommen Enge, der sie nur zu oft verhaftet ist, lösen; sie muß von Information begleitet und belebt werden; das traditionell „provinzielle Gewissen" (E. Lange) der Christen muß sich mehr und mehr an die Weite der Weltverantwortung gewöhnen.

Gewiß geschieht schon einiges, ja vieles auf diesem Gebiet. Die Frage ist nur, ob es schon genügend als etwas der Kirche heute unabdingbar Aufgegebenes erkannt und praktiziert wird und nicht noch weithin als eine etwas lästige, nur gerade in Mode gekommene Nebensache angesehen und entsprechend halbherzig, sozusagen mit der linken Hand betrieben wird.

Zweitens: Wo die Predigt politische oder soziale Probleme in den Blick nimmt, die Ereignisse oder Zustände gleichsam direkt vor der Kirchentür betreffen, da sollte streng darauf geachtet werden, daß nicht einfach ins Ungefähre hinein Forderungen erhoben werden, sondern daß die bestehende (Christen-)Gemeinde als Träger fälliger Aktionen ins Spiel gebracht wird. An der bestehenden Gemeinschaft vorbei von Gemeinschaftsaufgaben zu reden, hat wenig Sinn. Um so sinnvoller ist es, wenn die Kirche gerade da aktiv und initiativ wird, wo der Staat oder die Kommunen in ihrem Bemühen um öffentliche und allgemeine Wohlfahrt, aus welchen Gründen auch immer, empfindliche und oft auch peinliche Lücken gelassen haben.

Auch hier geschieht heute schon mancherlei. Nur haftet dem oft noch der Verdacht an, es handle sich dabei um Spezialitäten „linker" Pfarrer und ähnlicher etwas anrüchiger Zeitgenossen. Von der Erkenntnis, daß das Heil Gottes nicht gut gepredigt werden kann, ohne daß auch sichtbare und handfeste Zeichen gesetzt werden dafür, daß dieses Heil nicht ohne das Wohl der Menschen recht verstanden werden kann, anders gesagt: daß die christliche Hoffnung ständig der Bestätigung ihrer „Materialität" bedarf, um nicht spiritualisiert und damit undeutlich zu werden – davon ist offenbar ein reichlich großer Teil der heutigen Christenheit noch recht weit entfernt.

Selbstverständlich sind die eigentlich weltbewegenden Probleme heute nicht auf Ortsebene zu lösen. Sie haben andere Dimensionen und verlangen darum auch andere Ebenen christlich-kirchlichen politischen Engagements. Großenteils müssen diese erst noch gefunden beziehungsweise geschaffen werden. So ist zur Zeit noch von ferne nicht erkennbar, wie die bestehenden Kirchen dazu beitragen können und müssen, die drohende Welthungerkatastrophe abzuwenden oder auch nur zu mildern, da die Aktivitäten der jetzigen kirchlichen Hilfsorganisationen dazu nicht ausreichen. Aber diese furchtbare Drohung sollte nicht lähmen, sondern gerade in Bewegung setzen, das Machbare zu tun, auf den Ebenen, die bestehen und genutzt werden können.

Dabei wird ein gewisser Trend zu dem, was heute gern mit dem überaus schillernden und uneindeutigen Begriff „Sozialismus" bezeichnet wird, kaum zu leugnen und auch nicht zu vermeiden sein. So ungut es ist, sich als Christ oder Theologe auf eine bestimmte Spielart von Sozialismus festzulegen und davon alles Heil zu erwarten, so wenig auch bestritten werden kann, daß der radikale Sozialismus der Welt den schlüssigen Beweis, er könne ihre Hauptprobleme lösen, ohne dabei zu schlimmster Inhumanität zu führen, bis heute noch schuldig geblieben ist – so sollte doch auch eine bestimmte Affinität zwischen Sozialismus und christlicher Reich-Gottes-Erwartung nicht geleugnet und nicht einer grundsätzlichen Feindschaft oder Unvereinbarkeit das Wort geredet werden.

Aber bedürfen die Aktivitäten – kirchliche und außerkirchliche wie auch solche mit beiderlei Motivation – auf sozialpolitischem Sektor überhaupt der Predigt? Geschieht, was geschieht, nicht ebenso gut auch ohne biblische oder geistliche Begründung? Darauf lautet die Antwort: Politische Predigt ist zuerst und zuletzt Predigt vom „kommenden Reich" – darin und darin allein liegt ihre „Existenzberechtigung". So braucht es nicht zu stören, wenn vieles, was sie vorbringt, sich mit dem deckt, was aus völlig anderer Motivation gesagt oder getan wird; so wird auch, ohne daß es Gegenstand krampfhafter Sorge zu sein braucht, immer einmal wieder das Fremde und Nichteinzuordnende des Christlichen offenbar werden, vielleicht wird es sogar dazu führen, daß politische Gegner wie „Etablierte" und „Radikale" oder auch Angehörige verschiedener miteinander zerstrittener „linker" Gruppen zueinander finden in Gespräch und Aktion – gottlob braucht die Kirche sich von keinen Parteitagsbeschlüssen und Ministerpräsidenten-Erlassen binden zu lassen.

Das heißt aber nun nicht, daß für sie politische Neutralität – oder „Offenheit nach allen Seiten" – der Weisheit letzter Schluß sei. Vielmehr gilt es sich immer wieder auch klar zu entscheiden mit einem Ja zur einen und einem ebenso deutlichen Nein zur anderen Seite, auf die Gefahr hin, daß damit nicht nur die kirchliche Einheit aufs Spiel gesetzt, sondern auch, wie sich später erweist, eine falsche Entscheidung getroffen worden ist. Ohne solches Wagnis gibt es keine prophetische Vollmacht, und ohne diese – das rechte Wort zur rechten Zeit – ist alles Reden der Kirche öde, langweilig und überflüssig.[1]

---

[1] „Aporien der politischen Predigt", Theol. Existenz heute, NF, Heft 180, Chr. Kaiser Verlag, München.

Bernhard Vogel

Nüchternheit und Kreativität

Eberhard Jüngel hat vor dem Evangelischen Arbeitskreis der CDU/CSU einen bemerkenswerten Vortrag über Zukunft und Hoffnung gehalten, der heftig diskutiert worden ist, allerdings – mit einer Ausnahme – bislang ausschließlich von evangelischen Theologen. Diese Diskussion hat bereichert, aber auch verwirrt – wie das heute üblich ist, wenn mehrere deutsche Theologen sich zu einem und demselben Problem äußern.

Nun hat „Theologie zunächst einmal Abstand zu nehmen von der Wirklichkeit der Welt, wenn sie sich am Streit um die Wirklichkeit beteiligen will" (Jüngel). Sie gewinnt dadurch Distanz, Standort, Grundsätzlichkeit; sie schützt sich vor Manipulation und Mißbrauch. Der Politiker kann hieraus, wenn er tatsächlich hinzuhören vermag, Nutzen ziehen. Er selbst allerdings tut wohl gut daran, seinen Abstand von der Wirklichkeit der Welt nicht zu groß werden zu lassen, sondern sich bewußt zu sein, daß er – notwendigerweise – mitten im Streit um diese Wirklichkeit steht und daß er nicht durch Verzicht auf Herrschaft dem Mißbrauch von Herrschaft entgehen kann, sondern daß er eben lernen muß, „das Herrschen zu beherrschen" (Jüngel). Auch für ihn gilt somit Luthers Wort, nicht alles – „wie eine unflätige Sau" – ineinander und durcheinander zu mengen – gerade wenn er für sich beansprucht, als Christ Politiker sein zu wollen.

Für mich gehört zu dieser Wirklichkeit, der ich mich verpflichtet fühle, in der Tat, daß der Glaube an die von Gott besorgte Zukunft kein Hemmnis für die Arbeit an „Fortschritt" und „besseren Zeiten" ist. Ja, „diese Gelassenheit ist die kreative Prämisse für eine Freisetzung angespanntester Tätigkeit zum Wohle der Welt" – dafür, daß man gar nicht genug tun kann. Nüchternheit und Kreativität können darum geradezu zum Grundprinzip politischen Handelns der Christen werden, und gerade an beiden fehlt es verantwortlichen Politikern in erstaunlichem Maße. Nüchternheit ist mühsamer als Utopie, Kreativität anstrengender als Resignation. Für uns in Deutschland stehen Nüchternheit und Kreativität zur Zeit nicht hoch im Kurs. Wer etwa nüchtern über die Gegenwart oder die Zukunft nachdenkt oder spricht, steht ständig in der Gefahr, als Miesmacher, als einer, der Angst und Unsicherheit verbreiten will, abgetan zu werden. Leichter hat es, wer vage Zukunftshoffnungen weckt. „Der Aufschwung kommt bestimmt", ist das jüngste Schlagwort einer solchen Politik, die mit der Bereitschaft der Menschen, grundsätzlich auf bessere Zeiten zu hoffen, unverantwortlichen Mißbrauch treibt.

Wer aber Kreativität fordert, muß Neues sagen und darf nicht ständig alte, verbrauchte, abgegriffene Theorien und Ideologien neu drapieren. Die theoretischen Grundlagen für Klassenkampf und Sozialismus sind nicht nur verbraucht, vielfältig widerlegt und in ihrem Ausgangspunkt, eben der Situation des 19. Jahrhunderts, überholt. Klassenkampf und Sozialismus sind zwar Ausgangspunkt für große Aufbrüche geworden, aber sie konnten wegen ihres – nichtchristlichen – Zwanges zur endzeitlichen Perspektive in dieser Welt, zu einer ideologischen und deshalb auch politischen Absolutheit, nirgendwo in der Welt zum Ausgangspunkt für mehr Menschlichkeit werden: das Gegenteil ist der Fall! Mich jedenfalls befreit der christliche Glaube in keiner Weise – wie Gollwitzer es von mir verlangen möchte – „zum Kampf für die sozialistische Weltrevolution, für eine ausbeutungsfreie, das Herrschen beherrschende Gesellschaft". Damit handle ich mir wohl ein, von Gollwitzer nicht als christlich Glaubender akzeptiert zu werden; aber da nach ihm ohnehin nur Sozialisten Christen sein können, habe ich ja bei ihm schon zuvor verspielt.

Es ist meine Überzeugung, daß die sozialistische Weltrevolution über Millionen Menschen unsagbares Leid bringt und bringen würde – man kann es dieser Tage gleich an mehreren Stellen beispielhaft erfahren. Sie beseitigt – wie ebenfalls täglich zu sehen – als erstes Freiheit, als zweites Toleranz und als drittes Grundrechte der menschlichen Person oft unter dem Vorwand, dadurch erst die richtig verstandene Freiheit herzustellen. Dieses sogenannte „richtige" Verständnis ist nicht nur dem Absolutheitsanspruch einer die diesseitige Welt vermeintlich zur Vollendung führenden Ideologie untergeordnet, sondern auch einem Herrschaftsanspruch, der sich auf die Anonymität eines Klassenbegriffes beruft und damit eine demokratische Majorität vorspiegelt, um sich auf diese Weise Legitimität zu sichern. Dabei erweist sich dieser Anspruch, das Denken einer Klasse zu repräsentieren, als Scheinlegitimität, weil er sich der praktischen Prüfung durch den mündigen Bürger bewußt entzieht.

Weniger Ausbeutung in der Welt ist nur durch mehr Freiheit und nicht durch mehr Diktatur, auch nicht durch mehr Diktatur des Proletariats oder seiner angemaßten Repräsentanten zu erreichen und mehr

Beherrschung der Herrschaft nicht durch Abschaffung der Herrschaft, sondern durch ihre demokratische und freiheitliche Regelung und Kontrolle. Wenn die Aufrechterhaltung freiheitlicher und sozialer Demokratie dazu beiträgt, Herrschaft zu regeln und zu kontrollieren, so muß es legitim sein, Gegnern einer geregelten und Befürwortern einer absoluten Herrschaftsausübung den Zugang zum Beamtentum des demokratischen Staates zu verwehren, auch dann, wenn sie Kommunisten sind. Der Mut der Politiker, auch hier Unpopuläres zu tun, gehört für mich zu den notwendigen Tugenden des Handelnden, die die Voraussetzung für die Arbeit an „Fortschritt" und „besseren Zeiten", die Voraussetzung, für Nüchternheit und Kreativität sind. Man muß dann allerdings hinnehmen, zwar von Gerichten Recht zu bekommen, von Professoren der Theologie aber der Verletzung des Grundgesetzes bezichtigt zu werden.

Ein Wort zu der noch immer gängigen Kritik, daß eine Partei wie die CDU das „C" in ihrem Namen führt. Die Angriffe gegen dieses „C" kommen mir vor wie die Versuche Halbwüchsiger, das Plakat einer politischen Organisation, die sie ärgert, vom Bretterzaun zu reißen und zu meinen, damit einen Beitrag zur politischen Diskussion geleistet zu haben. Es ist wiederholt gesagt worden und soll hier nur noch einmal wiederholt werden: Die CDU erhebt nicht den Anspruch, die Partei aller Christen zu sein, und sie erhebt auch nicht den Anspruch, gewissermaßen den christlichen Kanon für politisches Verhalten zu bestimmen. Wer sich als Christ zu ihr bekennt, muß ihren Namen als ein Bekenntnis, als eine Verpflichtung, als einen Anspruch an sich selbst empfinden.

Es kommt sicherlich nicht in erster Linie auf den Namen an, sondern auf das Denken und auf den Geist, der eine Gruppe bestimmt. Gleichwohl ist das „C" auch eine Herausforderung für andere, und daß es dies sein soll, dazu bekennen wir uns. Wenn es anderen politischen Wertvorstellungen Konzeptionen der Politik vorlegt und damit Alternativen abfordert, um damit „dem politischen Handeln für die Zukunft konstruktive und konzeptionelle Grundzüge zu geben" (Jüngel), dann ist der politische Sinn des „C" im Namen der CDU bereits erfüllt.

Für mich versteht sich dieses „C" als Maßstab für diejenigen, die sich unter diesem Namen zum politischen Handeln zusammengeschlossen haben. Das „C" darf, wie der Name des Christen, nicht unter theologischen Denkmalschutz gestellt werden, und hinter diesem „C" darf auch keine Doktrin stehen, wie der Christ sich zu verhalten habe. In seiner Erwiderung auf Gollwitzer schreibt Jüngel, es komme nicht in Frage, „die CDU als politische Heimat der Christen zu empfehlen", aber es dürfe auch nicht dabei bleiben, daß „zumindest in der sogenannten akademischen theologischen Welt ... wer ein Referat vor dem Evangelischen Arbeitskreis der CDU/CSU zu halten wagt, sich mit unverhohlenem Mißtrauen betrachten lassen muß".

Diesen Sätzen ist uneingeschränkt zuzustimmen. Deshalb darf es aber auch nicht dabei bleiben, daß in bestimmten Kreisen der akademischen und theologischen Welt derjenige, der sich als Christ in der CDU/CSU zu engagieren wagt, sich mit unverhohlenem Mißtrauen betrachten lassen muß, daß ihm von höchsten akademischen Lehrkanzeln und, was schlimmer ist, auch von Kirchenkanzeln sein Bekenntnis zum Christentum abgesprochen, ja hochmütig verworfen wird. Dies ist in der Tat ein unerhörter Vorgang, den man nicht der Gewöhnung anheimfallen lassen darf, und demgegenüber man sich nicht damit beruhigen darf, daß das Ansehen der Kanzeln im öffentlichen Bewußtsein rückläufig sei.

Die CDU als Partei ist in einer Stunde entstanden, die mehr Ende als Anfang war. Ihre Männer und Frauen hatten ihre Erfahrungen von Weimar und aus der nationalsozialistischen Zeit, aus dem Erlebnis eines auf so weltliche Weise zerfallenen „tausendjährigen Reiches" und aus der Besinnung auf die Fehler, Schwächen und Hilflosigkeiten der Demokraten in der Weimarer Zeit gewonnen. Sie haben es zum ersten Mal in Deutschland wenigstens im Politischen gewagt, die Spaltung der Konfessionen zu überwinden. Unsere Frage war eben, wie man Herrschaft beherrschen könne, nachdem schrankenlose Herrschaft erlebt worden war.

Wie man Glaube und Politik in ein neues Verhältnis zueinander bringen könnte, nachdem die Katastrophe eine zynische, alle Menschlichkeit hinter sich lassende Herrschaft enthüllt hatte, war unsere neue Frage. Hans Buchheim hat die Gründung der CDU einmal so zusammengefaßt: „Die Gründer der CDU bauten ihr politisches Programm auf dieser wiedergewonnenen Erkenntnis auf, daß ohne den Glauben an Gott, ohne Religion ..., daß es ohne Bezug des menschlichen Selbstverständnisses zu dem, was man Transzendenz nennt, politische Macht und Herrschaft in die Inhumanität abgleiten ... Es bedarf des Bezuges zur Transzendenz, wenn Politik als humane Lebensform möglich sein soll."

Inzwischen sind mehr als 25 Jahre vergangen. Die alte Selbstsicherheit, die Gewißheit ist vergangen. Das Christentum ist selbst ins Gerede gekommen, in eine Krise. Und dies macht die Antwort für den Christen als Politiker nicht leichter. Denn er kann nicht warten, bis Kirche und Christentum wieder zu sich selbst gefunden haben.

Für ihn entscheidet sich am Umgang mit den Menschen und am politischen Handeln, was christlich ist. Von Freiheit und Selbstverantwortlichkeit der Person, wie sie Jüngel dargestellt hat, hat er auszugehen. Eine Partei, die sich christlich nennt, ist gewiß nicht frei von der Gefahr des Irrtums, der Fehlerhaftigkeit, der Bezweifelbarkeit; im Gegenteil, es menschelt sehr in dieser Partei. Nur: der Hinweis auf eine Differenz zwischen Grundsatz und Wirklichkeit ist kein Argument, allenfalls eine besonders perfide Methode der Abqualifikation von Konzeption und Entwürfen eines Christen für das politische Handeln.

Deshalb ist es nicht illegitim, sondern geradezu lebensnotwendig und für Zukunft und Hoffnung der Welt gefordert, daß Christen ihre politischen Konzepte aus Kreativität und Nüchternheit in dieser Welt vorlegen und sie zu verwirklichen versuchen, gemeinsam, mit den Mitteln und unter den Spielregeln, die eine freiheitliche Demokratie vorschreibt. Diese freiheitliche demokratische und soziale Ordnung ist auch wesentlich dafür, daß Christen ihre Vorstellungen verwirklichen können. Denn Anspruch auf Freiheit, nüchterne und kreative Konzepte zur Besserung der Übel dieser Welt nicht um einer absoluten Vollkommenheit, sondern in der Erkenntnis der Mangelhaftigkeit und Bezweifelbarkeit menschlichen Tuns verwirklichen zu können, ist unsere Forderung.

Walter Künneth

Damm gegen Übel der Welt

Die Verschiedenheit der Meinungen darüber, wie es mit der Beziehung von Glaube und Politik steht, ob Distanz oder Aktion die maßgebende Rolle zu spielen hat, ist kennzeichnend für die heutige Gesprächslage im Raum von Theologie und Kirche. Erst kürzlich hat es Gustav Heinemann für richtig angesehen, die Kirche zu ermuntern, sie solle „in der Gesellschaft und für die Gesellschaft" ihre politische Funktion wahrnehmen, denn „zu lange versucht die evangelische Predigt lediglich auf die Gesinnung und auf das Gemüt des Hörers einzuwirken". Andrerseits meldet der Rechenschaftsbericht 1973/74 der EKD, daß gewisse gesellschaftspolitische Stellungnahmen der Kirche oft „als Einmischung in innerstaatliche Angelegenheiten, sogar als ein Mitregieren empfunden wurden".

Zweifellos sind durch derartige gegensätzliche Positionen und widersprüchliche Urteile die Gemeinden unsicher geworden. Man fragt, was es denn mit dem spezifischen Auftrag der Kirche heute für eine Bewandnis habe und ob es Grundsätze und Richtlinien für eine sachgemäße Verhaltensweise in der Zone des Politischen geben könne. Die zentrale Antwort darauf kann nur von einem neuen Ernstnehmen des biblischen Zeugnisses aus gegeben werden. Von dieser Grundlage aus gilt es, die Fragen einer „politischen Verantwortung" der Kirchen und des einzelnen Christen zu bedenken.

Infiziert von den Ideologien des Zeitgeistes, hat sich eine Identitätskrise der Kirche ereignet, indem die Kirche sich ihre Thematik von dem jeweiligen politischen Geschehen vorschreiben ließ. „In Denkschriften und Erklärungen der EKD ... wurde auf die christliche Mitverantwortung zu konkreten politischen und gesellschaftskritischen Fragen hingewiesen" (epd 29. 1. 75). Politisch linksgerichtete Predigten und Kommunisten auf den Kanzeln stießen die Gemeinden vor den Kopf und entleerten die Kirchen, während „evangelische Studentengemeinden" und manche Predigerseminare sich von marxistischen Parolen faszinieren ließen. Diese Irrwege kulminierten schließlich in den utopischen Losungen einer „Theologie der Revolution", einer „Theologie der Be-

freiung" und heute in der „Theologie eines neuen Welthumanismus".
Seltsamerweise findet sich auch bei Eberhard Jüngel, obwohl er den Abstand gegenüber einer politisierten Theologie betont, die Behauptung, man müsse „mit der irdischen Zukunft der Erde so umgehen, daß daß wir im kommenden Reich Gottes die von uns zu verantwortenden Reiche der Welt... wenigstens als mißglückte Analogien wiedererkennen können sollten".

Dieser kirchlichen Fehlentwicklung und solchen bedenklichen Formulierungen gegenüber ist die Frage zu stellen: Wie steht es bei alledem mit der biblischen Begründung? Die Auffassung, der christliche Glaube habe die „Reiche der Welt zu verantworten", erscheint im Aspekt des Evangeliums geradezu grotesk, denn in biblischer Sicht sind weltliche Gewalten nicht bloß „von Gott verordnet" (Römer 13, 1–4), sondern zugleich werden „alle Reiche der Welt und ihre Herrlichkeit" der satanischen Verfügungsmacht unterstellt (Matthäus 4, 8). Infolgedessen ist auch ein Entsprechungsverhältnis, eine „Analogie", zwischen den von Menschen unvollkommen zu gestaltenden „Weltreichen" und „dem Reich Gottes", trotz ähnlicher Gedanken bei Karl Barth und Jürgen Moltmann, nach biblischem Urteil völlig unhaltbar. Die Konsequenzen wären ja so etwas wie ein „christlicher Staat" mit einer „christlichen Politik", was gerade nicht verantwortet werden kann.

Wer, getrieben von dem sozialpolitischen Engagement, die Welt zu verändern, die Bibel befragt, um dort eine Rechtfertigung seines Tuns zu erhalten, wird enttäuscht. Das gesamte biblische Zeugnis steht in prinzipieller Fremdheit der Welt des Politischen gegenüber, denn es geht ihm ja um etwas ganz anderes, nämlich um das Bekenntnis zu dem unvergleichbaren Aufbruch der Dimension der Offenbarung Gottes. Lapidar hat Jesus selbst die Markierungen für die Andersartigkeit seiner Sendung gesetzt: „Mein Reich ist nicht von dieser Welt" (Johannes 18, 36), und in der Szene mit der Zinsmünze wird dem Cäsar sein Eigenrecht zuerkannt ohne jede Vermischung mit dem in Christus verkörperten Gottesreich (Matthäus 22, 21). Der gekreuzigte und auferstandene Welterlöser aber ist die Repräsentation des Weltheiles schlechthin (Apostelgeschichte 4, 12), dessen Verkündigung die kardinale Aufgabe der Kirche ist, welche seinen Namen trägt.

Dieser klare und unbestreitbare Sachverhalt, der durch eine Überfülle biblischer Aussagen zu belegen ist, darf nicht durch eine zweideutige Begriffsbildung verdunkelt werden. Es erscheint daher nicht hilfreich, wenn die Vokabeln „politisch" und „öffentlich" miteinander vertauscht werden. So hören wir: „Das Christentum war von Anfang an öffentlich", die zentrale Christusverkündigung sei „das eigentliche Politikum", oder der „Widerspruch" der jungen Christenheit gegen heidnische Vergötzungen sei „ein Politikum allerersten Ranges". Das, was hier gemeint ist, ist zweifellos richtig, aber die politische Wirkung Jesu sowie der apostolischen Botschaft darf nicht mit dem total unpolitischen Selbstverständnis der Offenbarungsbotschaft verwechselt werden. Daß in dem Prozeß gegen Jesus Pilatus „politisch" kalkulierte, ist ebenso bekannt wie der Vorwurf der Staatsfeindlichkeit der Christen im Römischen Reich. Das ist bis heute „das alte Lied" aller Glaubensfeinde. Aber gerade deshalb muß der grundsätzlich antipolitische Charakter des christlichen Glaubens herausgestellt werden. Jesus war eben kein Widerstandskämpfer wie Barrabas, und die Apostel Petrus und Paulus starben nicht als politische Rebellen, sondern als Glaubenszeugen.

Diese politische Abstinenz, die für das biblische Klima so überaus charakteristisch ist, bedeutet aber keineswegs die Gleichgültigkeit des christlichen Glaubens gegenüber der menschlichen Gesellschaft. Da nach dem biblischen Zeugnis diese Welt trotz Abfalls bis zur Wiederkunft des Kyrios von Gott erhalten wird, ist der christliche Glaube elementar an den Ordnungsgegebenheiten, die zur Erhaltung und Förderung der einzelnen menschlichen Existenz und des Gemeinschaftslebens dienen, interessiert. Deshalb besteht der Öffentlichkeitsanspruch des christlichen Glaubens darin, den politisch Verantwortlichen, gerade im Gegensatz zu den verfälschenden Ideologien, das Wesentliche und Entscheidende über das Humanum in Relation zu Gott, über die Personalität des Menschen als „Ebenbild Gottes", über Eheordnung und Sinn der Familie, über die Bedeutung des Rechts und die Notwendigkeit staatlicher Autorität anzusagen.

Zugleich ergeht der christliche Protest gegen jede Verletzung der Menschlichkeit, gegen Gewissensterror und Machtmißbrauch. Erstaunlich ist allerdings, daß diese in den Geboten Gottes dokumentierten Orientierungszeichen zur Lebenshilfe heute als „zeitgeschichtlich bedingt" zur Seite geschoben werden und sich auch weithin eine theologische Verachtung gefallenlassen müssen.

Der christliche Glaube, selbst unpolitisch, übt also eine umfassende Gewissensfunktion aus, qualifiziert die menschliche Verantwortung, erkennt aber seine Grenze, wenn es um die Frage des Wie zur Verwirklichung dieser biblischen Grundsätze geht. Da Verantwortung nur auf Grund von konkreter Sachkenntnis realisierbar ist, wäre es eine fatale Anmaßung des Glaubens im Bereich der Gesellschaftspolitik, der Wirtschafts- und Weltpolitik, alles besser wissen zu wollen als die politisch Sachkundigen. Politische Rezepte und sozialpolitische Programme können sich jedenfalls nicht auf eine Legitimation durch das Evangelium berufen.

Wenn das biblische Zeugnis überaus realistisch und in einer unüberbietbaren Nüchternheit die Weltstrukturen des Existenzkampfes als unabänderlich durchschaut und von einer „vergehenden Welt" (1. Korinther 7, 31) spricht, dann kann von den Möglichkeiten einer „besseren" Zukunft nur mit Zurückhaltung geredet werden. Wenn es aber so steht – was soll dann die These „Der christliche Glaube gibt dem politischen Handeln für die Zukunft durchaus konstruktive und konzeptionelle Grundzüge" (E. Jüngel)? Woher nimmt der Glaube Recht und Inhalt für dieses politische Unternehmen? Die Bibel jedenfalls versagt ihm die Zustimmung, und für den Inhalt muß er sich bei den Sachanalysen der Soziologen und Politologen informieren. Obwohl Eberhard Jüngel bestrebt ist, die gebotene Nüchternheit walten zu lassen, gerät er immer wieder in die Strömung eines unbiblischen Illusionismus. Es handelt sich um ideologische Visionen, aber nicht um christliche Zukunftserkenntnisse, wenn deklariert wird: „Der christliche Glaube hat der Dämonisierung des Zukünftigen schöpferische Vernunft entgegenzusetzen"; er „mutet der politischen Verantwortung dies zu: die Erde aus einem Weltimperium in ein Weltdominium zu verwandeln". Was ist das für eine „Vernunft", an die hier appelliert wird, als ob ausgerechnet diese und nicht „der Geist und die Macht des Herrn die listigen Angriffe des Teufels" (Epheser 6, 10–17) überwältigen könne? Also taucht am Horizont doch, wie Helmut Gollwitzer meint, „die soziale Weltrevolution" auf, wobei der Glaube zu solcher „radikalen Systemüberwindung" befähigen soll.

Gewiß ist der Glaube bemüht, der Flut der Übel in der Welt Dämme entgegenzusetzen, aber alle diese notwendigen Aktionen christlicher Liebe sind nur relative, bruchstückhafte Hilfen, können nur Wunden verbinden, aber nicht das Wesen dieser Welt verändern. Die totale Heilung der Welt und damit die sinnerfüllte Zukunft ist allein dem Rettungswerk des wiederkommenden Christus vorbehalten.

Heinz Zahrnt

Zur roten Fahne die violette Schleife?

„Zwei Gruppen standen sich gegenüber: auf der einen Seite die ..., die ihr religiöses Glück im Winkel erhalten wollen, aber beinahe keinen Schutz mehr finden vor den Forderungen und Verlockungen der modernen Welt – auf der anderen die ..., die möglichst schnell, möglichst perfekt und notfalls mit Gewalt Gerechtigkeit auf Erden herbeizuführen trachten. Die einen neigen dazu, vor der Welt in den Glauben zu fliehen, die anderen haben weithin den Glauben hinter sich gelassen, um der Welt zu dienen. Zwischen beiden steht eine große mittlere Gruppe, zu der auch viele moderne Theologen zählen, unsicher, ohne Patentrezepte, kleine Schritte zur Gerechtigkeit hin versuchend und auf ein bißchen Gnade hoffend – was immer das ist."

Mit diesem Resümee schloß Rolf Zundel seinen Bericht in der „Zeit" über den Stuttgarter Kirchentag vor sieben Jahren. Diese Sätze hätten aber genausogut auch heute geschrieben sein können, als eine zwar vereinfachende, im ganzen aber doch zutreffende Beschreibung der gegenwärtigen kirchlich-theologischen Situation. Und es hielte auch nicht schwer, die verschiedenen Teilnehmer an diesem Gespräch über das Verhältnis zwischen christlichem Glauben und politischem Handeln je an ihrem Ort in dieses Schema einzufügen. Doch darauf will ich verzichten und statt dessen einige Punkte markieren, die, wie ich meine, in der gegenwärtigen Diskussion über die politische Dimension des christlichen Glaubens beachtet sein wollen. Dabei stelle ich zwei Warnungen voran: die erste vor theologischem Hochmut in der Politik, die zweite vor politischem Mißbrauch der Theologie.

Zuerst die Warnung vor theologischem Hochmut in der Politik: Die Kirche scheint heute einem Bahnhof zu gleichen, auf dem früher einmal alle Züge gehalten haben. Dann aber hat es mehrfachen Fahrplanwechsel gegeben, und jetzt fahren, bis auf ein paar Nahverkehrs- und Vorortszüge, fast alle Züge durch. Dennoch springt der Stationsvorsteher, wenn ein Zug den Bahnhof passiert, immer noch mit seiner Kelle auf den Bahnsteig hinaus und winkt dem vorbeifahrenden

Zug, da er ihn doch nicht stoppen kann, das Signal zur Weiterfahrt nach.

Dieser Vergleich soll deutlich machen, wie wenig das, was Kirche und Theologie zu politischen Fragen sagen, heute noch in der Öffentlichkeit beachtet wird. Meistens zitiert man ihre Voten nur dann, wenn sie in das eigene politische Konzept passen. Deshalb sollten Kirche und Theologie auch alle großartige politische Gebärde fahren lassen und statt großer abstrakter „Worte" lieber kleine konkrete „Modelle" anbieten.

Das nach dem Kriege so beliebte Reden vom politischen „Wächteramt der Kirche" ist für uns unerträglich geworden: Es ist durch keine entsprechende Wirklichkeit mehr gedeckt; überdies verrät es Mangel an Solidarität und schmeckt nach moralischer Besserwisserei. Die Zeiten, in denen die Christen als Wächter auf den Mauern der Stadt standen und wähnten, die Welt in einem christlichen Alleingang retten zu können, sind ein für allemal vorüber.

Wenn es um Fragen der Gesellschaft und der Politik geht, gibt es kein christliches Monopol mehr, sondern nur noch Kooperation. Die Kirche kann hier höchstens nur Mitverantwortung übernehmen; sie ist nur eine Stimme unter anderen. Außer ihr haben auch andere gesellschaftliche Gruppen die Frage nach dem „Nächsten" längst gehört und auf sie geantwortet. Darum sollen Kirche und Theologie, wenn sie sich zu Wort melden, nicht nur bedenken, was sie zu sagen haben, sondern auch, wie sie es sagen und wann sie es sagen.

„Was": so sachgemäß wie möglich;
„wie": so bescheiden wie möglich;
„wann": so selten wie möglich.

Übrigens bin ich tief mißtrauisch, ob die Welt sich wirklich ändern würde, wenn überall Christen in den Machtzentralen säßen. Die Christen sollten ihre politische Mitverantwortung lieber vornehmlich an solchen Stellen wahrnehmen, die von den anderen gern gemieden werden. Wenn sie dies täten, würden sie erstaunt feststellen, daß sie zwar nicht mehr auf dem Bahnhof stehen und dort alle Züge ankommen und abfahren lassen, daß sie dafür aber selber im Zuge sitzen.

Hand in Hand mit der Mahnung zu theologischer Bescheidenheit in der Politik geht die Warnung vor politischem Mißbrauch der Theologie. Wir sollen uns nicht einbilden, angesichts des drohenden Atheismus und Säkularismus das Christentum dadurch retten zu können, daß wir seine Bedeutung für die Politik und Gesellschaft nachweisen. Um den Staat zu stützen oder die Gesellschaft zu verändern, braucht der Mensch Gott nicht!

Eine Zeitlang mag es gelingen, den freundlich gesonnenen Zeitgenossen durch den Nachweis der sozialen und politischen Brauchbarkeit des Evangeliums für den christlichen Glauben zu erwärmen. Doch nicht auf lange. Sehr bald schon wird er sich fragen, wozu er solch „weltlich Gut" – politische Ideen und Antrieb zu gesellschaftlichem Engagement – eigentlich noch in „religiöser Verpackung" kaufen soll. Warum zur roten Fahne noch die violette Schleife? Schließlich war er ja auch nicht für den Großen Zapfenstreich und das Niederländische Dankgebet mit Helm ab zum Gebet bei Fackelschein.

Wer die Wahrheit der christlichen Botschaft und ihre Bedeutung für unsere Zeit mit ihrem Nutzen und Zweck für die Gesellschaft oder den Staat zu beweisen trachtet, unterschätzt einmal den Menschen in seinen sittlichen, rationalen und produktiven Fähigkeiten und erniedrigt zum anderen Gott zu einer Zulieferfirma von Baumaterialien und Ersatzteilen für die menschliche Gesellschaft und Existenz. Wo immer Gott zu einem politischen Zweck dient, dort ist er schon hinter den Zweck zurückgetreten, dem er dient; wo immer Gott zu einer sozialen Funktion wird, dort wird die Größe, für die er fungieren muß, durch ihn alsbald immer größer, er selbst dagegen immer kleiner.

Zum Beispiel: Wenn Gott zur Stützung des Staates dient, dann wird der Staat dadurch immer mächtiger und wichtiger, Gott selbst hingegen immer kleiner und geringer. Und im Bulletin steht dann zu lesen: „Die Allerhöchsten Herrschaften haben sich in den Dom begeben, um dem Höchsten zu dienen." Oder: Wenn man den christlichen Glauben dadurch zu retten trachtet, daß man ihm eine soziale Funktion zubilligt – Antrieb und Kraft zur Veränderung und Rettung der Gesellschaft –, dann erweist sich auch hier die Gesellschaft als Auftraggeber, Gott als ihr Funktionär. Und die Gesellschaft ist es auch, die über die Dauer des Anstellungsverhältnisses entscheidet, und lange wird es nicht dauern, bis man auch hier die Kündigung aussprechen wird.

Christlicher Glaube trägt seinen Sinn in sich selbst. Darum hat er keine politischen Motive, wohl aber politische Konsequenzen. Nur wo „Gott um Gottes willen" gilt, dort gilt auch der Mensch um des Menschen willen. Das führt weiter zur Frage nach der politischen Dimension des christlichen Glaubens.

Die *politische Dimension des christlichen Glaubens* hat eine zwiefache Wurzel: eine christologische und eine anthropologische. Einmal gründet sie in dem Verkündigen und Verhalten Jesu von Nazareth, zum anderen in einer durchgängigen Bestimmtheit aller menschlichen Existenz.

Zunächst der *christologische* Grund: Jesus von Nazareth hat nicht die Welt und die Gesellschaft auf den Kopf gestellt, sondern er hat

Gott auf den Kopf gestellt, was dann freilich seine Folgen auch für die Welt und die Gesellschaft hatte. Und diese Folgen hat die Christenheit in der Tat lange Zeit zu einem guten Teil unterschlagen.

Die neutestamentlichen Evangelien, wenigstens die ersten drei, lassen Jesu öffentliche Wirksamkeit mit einem Jubelruf, fast mit einem Jauchzer, beginnen: „Kehret um, denn das Reich Gottes ist nahe!" Das bedeutet nicht einen neuen, nun endgültig letzten moralischen Appell an die Menschheit, sondern das ist gleichsam der erste Satz einer Emanzipationsakte, die Bekanntgabe einer guten Nachricht. Diese gute Nachricht besteht in der Botschaft vom Auszug Gottes aus dem herrscherlichen Oben in das dienende Unten, von seiner endgültigen Ankunft bei den Menschen. Hierin hat alles, was Jesus sagt und tut, seinen Ursprung. Es ist ein „religiöser", kein „politischer" Ursprung.

Bevor Jesus mit seiner öffentlichen Wirksamkeit beginnt, verzichtet er ausdrücklich auf alle jene Mittel und Attribute, die einem politischen Führer oder sozialen Revolutionär Erfolg versprechen: auf Macht, Brot und Spiele. Ihren literarischen Niederschlag hat diese klare Absage an jedes politische Messias-Ideal in der Geschichte von der Versuchung Jesu in der Wüste gefunden, in der Jesus sich weigert, mit Hilfe göttlicher Kraft Steine in Brot zu verwandeln. Derselbe Jesus aber, der es in der Wüste für sich selbst strikt abgelehnt hat, sich mit Hilfe göttlicher Kraft Brot zu verschaffen, tut eben dies wenig später, ebenfalls in der Wüste, für andere: Er speist die Fünftausend.

Daß man beides nicht voneinander trennen kann, sondern daß beides zusammengehört: Gott und die Welt – daran erinnert die Botschaft Jesu vom Reich Gottes, seine gute Nachricht von der Ankunft Gottes bei den Menschen. Jesu Verkündigen und Verhalten hält ein für allemal fest, daß beides nicht nebeneinander hergeht: rechts Gott und links das Brot, sondern daß beides in einem geschieht, daß Gott im Brot erkannt sein will, die Wirklichkeit Gottes in der Wirklichkeit der Welt.

Das führt von selbst zum *anthropologischen* Grund der politischen Dimension des christlichen Glaubens: Der Mensch ist kein „abstraktes Ego", sondern er ist auch mit seiner privaten Existenz immer schon hineingebunden in bestimmte strukturelle Zusammenhänge und Beziehungsfelder; sein Leben ist stets aufs stärkste beeinflußt und mitbestimmt durch ein ganzes Netz von „Strukturen". Personen und Strukturen existieren nicht nebeneinander als zwei gesonderte Größen, sondern sind eng miteinander verflochten, wie Leib und Seele des Menschen.

Zum Beispiel: Wenn ein Mensch unter dem Druck der Organisation und der ihm von ihr abgeforderten Anpassung und Leistung aufstöhnt:

„Ich kann nicht mehr!" – stöhnt er dann physisch, personal oder sozial? Ich meine, sein Aufstöhnen habe mindestens eine dreifache Ursache und Relevanz: eine physische, insofern der Betreffende spürt, wie seine körperlichen Kräfte nicht mehr ausreichen; eine soziale, insofern sich der Betreffende von der Gesellschaft und ihren Anforderungen in die Anonymität gedrängt und erdrückt fühlt; eine personale, insofern der Betreffende fragt, wie er sich inmitten aller Organisation noch ein sinnvolles persönliches Leben bewahren kann. „Religiöse" Relevanz besitzen alle drei Fragen; den christlichen Glauben berühren alle drei Schichten.

Oder: Es wird wenig Sinn und kaum eine Wirkung haben, wenn ich einem jungen Menschen, der keine elterliche Liebe erfahren hat und auch sonst im Leben nur herumgestoßen worden ist, erkläre, daß Gott ihn liebe, oder wenn ich einem Proletarier, der von den bestehenden gesellschaftlichen Verhältnissen schier erdrückt wird und für den in Betracht der Festigkeit des herrschenden Systems auch keinerlei Aussicht auf eine Änderung besteht, versichere, daß er zur Freiheit berufen sei. In der Situation, in der sich jene beiden befinden, können sie einfach nicht die ihnen mitgeteilte Wahrheit glauben, der junge Mensch nicht an die göttliche Liebe, der Proletarier nicht an die christliche Freiheit. Sie müssen zunächst in eine Lage versetzt werden, in der sie überhaupt die Möglichkeit haben, Liebe und Freiheit als menschliche Daseinsweisen zu erfahren.

Das zeigt, daß auch das Individuum immer schon ein „politisches Thema" bildet und daß entsprechend die christliche Botschaft von der Befreiung des Menschen zwar keine politische Botschaft ist, aber politische Konsequenzen hat.

Die beliebte Berufung auf das Wort Jesu an Pilatus „Mein Reich ist nicht von dieser Welt" zieht als Einwand dagegen nicht! Jesu Wort lautet: „Mein Reich ist nicht *von* dieser Welt"; es heißt aber nicht: „Mein Reich ist nicht *in* dieser Welt." Das Reich, von dem es heißt, daß es nicht von dieser Welt sei, ist dasselbe, von dem Jesus an anderer Stelle sagt, daß es sich schon mitten unter uns befinde. Mehr noch, alle Predigt Jesu vom Reiche Gottes besteht in der Ansage seines Kommens: daß es sich schon in Bewegung befinde, daß es bereits unterwegs sei – wohin aber sonst, als eben in diese Welt hinein?

Spätestens seit dem Zweiten Weltkrieg hat in der ganzen Weite der Ökumene eine Bewegung eingesetzt, die man als ein Weiterdenken der christlichen Botschaft in zweifacher Richtung charakterisieren kann: weiter in die *Welt* und weiter in die *Zukunft* hinein. Das hat einmal zu einer vertieften Einsicht in den Weltbezug des christlichen Glaubens und zum anderen zur Umpolung des Bewußtseins der Christenheit in Richtung Zukunft geführt. Mit beidem ist die politische Dimension des christlichen Glaubens neu entdeckt worden.

Das ist der Grund, warum sich heute so viele Christen in allen Kirchen und Konfessionen fast nicht mehr um „der Seelen Seligkeit" sorgen, sondern vor allem auf die „Wohlfahrt der Welt" bedacht sind, warum sie sich daher ständig, wie man ihnen vorwirft, „in die Politik einmischen". Für sie hat die christliche Botschaft etwas mit jeder Art von Konflikt in der Welt zu tun. Glaube, Hoffnung und Liebe heißt für sie immer auch sogleich soziales Engagement und politische Aktion. Die sogenannte „vaterlose Gesellschaft" ist für sie zugleich eine, die sich nach einer brüderlichen Welt sehnt, und mehr Brüderlichkeit heißt für sie mehr Gerechtigkeit.

Darum möchten sie die vorhandenen gesellschaftlichen Verhältnisse im Namen Jesu von Nazareth verändern. Aber der Name „Jesus" hat dabei oft nur den Impuls und die Motivation zum politischen Handeln herzugeben. Den Inhalt und die Ziele seiner politischen Aktionen besorgt man sich von anderswoher – meistens von Karl Marx. Damit aber droht die politische Theologie in eine neue Politisierung der Theologie umzuschlagen. Waren es früher vornehmlich national-konservative Ziele, zu deren Durchsetzung man das Christentum mißbrauchte, so sind es heute vor allem revolutionär-soziale Ideen.

Die politische Theologie verkehrt sich in dem Augenblick in eine Politisierung der Theologie, in dem die politische Dimension des Evangeliums zu seinem zentralen Inhalt und universalen Horizont wird.

Zwischen christlichem Glauben und politischem Handeln herrscht das Verhältnis eines „unterschiedenen Beieinanders". Wir machen uns dieses unterschiedene Beieinander mit Hilfe der beiden Begriffe „*Futur*" und „*Advent*" deutlich. Futur bedeutet die Ausziehung der Vergangenheit in die Zukunft; das ist eine Sache der Wissenschaft und Politik: In ihnen geht es um das irdische Wohl des Menschen. Advent hingegen bezeichnet den Anbruch von etwas Neuem, das aus der Zukunft auf uns zukommt: Es ist das ewige Heil des Menschen, das nicht in seiner Macht steht, sondern das Gott für ihn bereithält nach seinem Wohlgefallen.

Verantwortliche Theologie muß, wenn sie bei ihrer Sache bleiben und sich nicht in Soziologie oder Politologie auflösen will, zwischen Futur und Advent unterscheiden: Sie darf sie einerseits nicht miteinander vermischen, andererseits aber auch nicht voneinander trennen.

Futur und Advent werden miteinander vermischt, wenn man das politische Ziel einer wahrhaften Humanisierung der Erde – etwa Blochs Vision der „Erde als Heimat" – mit dem Kommen des Reiches Gottes gleichsetzt und sich beides in einem verwirklichen läßt. Spätestens die Bedrohung der Menschheit durch den Wachstumstod verbietet der Theologie solche Vermischung. Denn angenommen, die ökologische Katastrophe ließe sich nicht mehr aufhalten, die Biosphäre ginge tatsächlich zugrunde – bedeutete dieser geschichtliche Untergang des Menschen und seiner Welt dann zugleich auch das Ende des göttlichen Heils, das endgültige Ausbleiben des von Jesus angesagten Reiches Gottes? Das sollte den an diesem Punkt anfälligen Christen und Theologen ein für allemal klarmachen, daß das Evangelium nicht in ein soziales oder politisches Weltverbesserungsprogramm umfunktioniert werden darf, wie es deren viele, wahrscheinlich sogar noch bessere, gibt, sondern daß es eine eigene, besondere Botschaft bleiben muß, Gottes Stimme, die sonst nirgendwo so zu hören ist und die dem Menschen etwas zu sagen hat – auch unter Absehen von aller Weltverbesserung. Fortan gibt es hier für christliche Theologen keinen Notausgang mehr durch Umsteigen in die Soziologie oder den Sozialismus.

Andererseits aber darf man Futur und Advent auch nicht strikt voneinander trennen. Das Heil Gottes widerfährt dem Menschen nicht senkrecht von oben im passiven Erleiden einer naturnotwendigen Entwicklung, sondern im tätigen mitverantworteten Einsatz für einen geschichtlichen Vollzug. Gottes ewige Heilstat realisiert sich zeichenhaft schon jetzt in irdisch-zeitlichen Wohltaten. Und so macht sich der Christ, weil er Gottes endgültige Absicht mit der Menschheit kennt, alsbald an die Arbeit, nicht um die Welt zu erlösen, wohl aber um sie zum Besseren zu verändern.

Was politisch und gesellschaftlich zu tun ist, das hat auch den Christen die Vernunft zu gebieten. Christlicher Glaube muß das „Humanum", wie es aus der Botschaft Jesu zu erkennen und an seinem Geschick abzulesen ist, in säkulare Humanität umsetzen – und eben dies geschieht mit Hilfe der Vernunft. Die Vernunft aber hat eine Geschichte, an der auch der christliche Glaube kräftig mitgewirkt hat. Und so gibt es heute ein ganzes Feld von sittlichen, gesellschaftlichen und politischen Werten, Maßstäben, Urteilen und Erfahrungen, die gleichermaßen christlich und vernünftig sind. Sicher verändert und entwickelt sich dieses Feld fortwährend; auch gibt es auf ihm ständig Konflikte, Auseinandersetzungen und gegenseitige Bestreitungen. Immer aber können sich auch die Christen nur innerhalb dieses Feldes bewegen, wenn sie nicht aus Mitspielern zu Zuschauern werden wollen.

Gewiß bedarf die Vernunft der Liebe, um in Bewegung gesetzt und auf ein Ziel gerichtet zu werden. Umgekehrt aber bedarf die Liebe auch der Vernunft, wenn sie nicht unsachlich, dilettantisch und schwärmerisch sein soll. Die Liebe gibt der Vernunft den Impuls, die Vernunft aber der Liebe die Einstellung auf die jeweilige Sache und den geschichtlichen Moment. Und so bewirkt das Zusammenspiel von Liebe und Vernunft den „Fortschritt" im Gang der Geschichte.

Wer sich in seinem politischen und sozialen Handeln so von Vernunft und Liebe leiten läßt, ist nicht mehr gezwungen, starr nur über einen der beiden Flügel, entweder über den „rechten" oder den „linken", vorzugehen, sondern er ist frei, bald nach rechts, bald nach links auszugreifen und seine Argumente und Mittel je nach der Forderung des geschichtlichen Augenblicks zu wählen – so, wie die Liebe es gebietet und die Vernunft es einsieht. Er treibt damit praktische Ideologiekritik, und zwar nach allen Seiten, nicht immer nur gegen denselben – kommunistischen oder bourgeoisen – altbösen Feind.

Wenn es die christliche Liebe nur im Bunde mit der Vernunft und bezogen auf die Sachen der Welt gibt, dann verlangt dies von der Kirche vernünftiges, sachgemäßes Handeln und eine bessere Weltkunde als bisher. Woher aber sollen Kirche und Theologie diese bessere Weltkunde anders beziehen als von den weltlichen Fachleuten? Und so ergibt sich von selbst eine neue *Zuordnung von Theologen und Laien*. Nicht die Theologen, sondern die Laien sind die Fachleute in der Kirche, wenn es um Fragen der Gesellschaft, Wirtschaft, Politik und Kultur, um Wissenschaft und Recht geht. Sie müssen je an ihrem Ort sagen, wie die Verwirklichung des Christlichen in der weltlich gewordenen Welt auszusehen hat. Als diejenigen, die nicht nur die notwendige Sachkenntnis mitbringen, sondern vor allem auch die unerläßliche Verfügungsgewalt besitzen, haben sie an dem konkreten Ort ihres Berufes in mündiger Verantwortung das Gebotene zu erkennen und zu tun.

Vorbei ist die Zeit, in der man die Kirche – nach dem endgültigen Scheitern des christlichen Makrokosmos – gleichsam zu einem christlichen Mikrokosmos gemacht hat, zu einer Art Schattenkabinett des großen Weltkabinetts, in dem alle weltlichen Lebensbereiche, je von einem evangelischen Oberkirchenrat oder einem katholischen Verbandschef betreut, noch einmal vorkamen, zu einer festen, frommen Burg, aus der man ab und zu mit Spezialtruppen Ausfälle in feindliches Gelände wagte. Die „mündige Welt", von der wir heute so viel reden, verlangt nicht nur die gelegentliche Begegnung mit „kirchlichen Beauftragten", sondern die ständige Anwesenheit von unabhängigen Christen in ihrer Mitte. Auf die Dauer wird die Kirche in der Welt nur so viel Wirkung haben, wie sie Menschen hat, die die nötige Sachkenntnis und Verfügungsgewalt besitzen, kurzum, wie in den Parlamenten und Parteien, in den Gewerkschaften und Verbänden, in den Behörden und Betrieben, in den Hochschulen und Instituten, in den

Funkhäusern und Redaktionen Christen sitzen, die bereit sind, von ihrem christlichen Glauben Gebrauch zu machen – nicht um jene verschiedenen Lebensbereiche nun doch wieder, gleichsam von hinten, klerikal zu bevormunden oder auch nur zu „verchristlichen", sondern um sie mitzuverantworten und die guten Kräfte und Möglichkeiten in ihnen entbinden zu helfen. Wo der Kirche diese Menschen fehlen, werden alle ihre Bemühungen, gesellschaftliche und politische Mitverantwortung in der Welt zu tragen, alle ihre „Denkschriften", ihre ganze sogenannte „Öffentlichkeitsarbeit" auf die Dauer unglaubhaft und wirkungslos bleiben, und die Kirche wird damit doch wieder nur in den Verdacht geraten, einen klerikalen Herrschaftsanspruch ausüben zu wollen.

Mit alledem habe ich zugleich die grundsätzliche Frage beantwortet, von der wir ausgegangen waren, um die heute der theologische Streit geht und die zur Polarisierung in den Kirchen zu führen droht: ob das Evangelium mittelbare oder unmittelbare politische Relevanz besitze. Meine eindeutige Antwort darauf lautet: nur *mittelbare*. In beispielhaften Modellen haben wir die – bislang weithin vergessenen – politischen Konsequenzen aus dem Evangelium zu ziehen. Auf diese Weise haben wir den christlichen Glauben politisch zu *verifizieren,* aber nicht politisch zu motivieren; wir haben die Wahrheit des Glaubens nicht politisch zu begründen, wohl aber seinen Grund politisch zu bewahrheiten.

Zugleich hat das politische Engagement des christlichen Glaubens damit sein rechtmäßiges Motiv und seinen richtigen Stellenwert erhalten: Nicht indem es unmittelbar politisch agiert, sondern indem es mittelbar die religiöse Dimension aller politischen Verhältnisse aufdeckt und sie in das Spiel der politischen Kräfte einbringt, wirkt das Christentum am Bestand der Gesellschaft durch Veränderung mit – ohne primäre Absichten, aber nicht ohne sekundäre Wirkungen und hoffentlich in seinem Anspruch gedeckt durch die eigene Diakonie der Kirche und durch die politische Aktivität möglichst vieler Christen.

Wer die politische Situation zum universalen Horizont und das politische Handeln zum zentralen Inhalt der christlichen Botschaft macht, mißt den christlichen Glauben letztlich an seinem politischen Leistungseffekt. Damit aber stellt er den überall im Neuen Testament durchscheinenden Prioritätenkatalog auf den Kopf. In der Bergpredigt heißt es: „Trachtet am ersten nach dem Reich Gottes und nach seiner Gerechtigkeit, so wird euch solches alles dazugegeben werden." (Matthäus 6,33) Jesus kennt allein Gott als die einzige „Hauptsache" und sonst nur lauter „Nebensachen", und er rechnet die Politik unter die Nebensachen, das heißt unter diejenigen Dinge, die wahrlich nicht „nebensächlich" sind, die sich aber dann von selbst als Folge und Wirkung einstellen, wenn die Herrschaft Gottes „hauptsächlich" in den Blick genommen ist. Es ist hier wie überall: Das Vorletzte bestimmt sich vom Letzten her und nicht umgekehrt das Letzte vom Vorletzten. Wir müssen erst das Letzte erkannt haben, um zu wissen, was das Vorletzte ist.

Aus der Bibel läßt sich der Primat des Politischen in der Theologie nicht erheben. Im Reden der Bibel von Gott ist die Politik nicht Satzaussage, das heißt nicht Verbum, sondern adverbiale Bestimmung der Zeit, des Ortes und der Art und Weise. Das verlangt, daß die politische Situation wohl den begleitenden Kontext, aber nicht den beherrschenden Horizont der christlichen Botschaft und das politische Handeln entsprechend wohl die mittelbare Konsequenz, aber nicht den unmittelbaren Inhalt des christlichen Glaubens bilden. Es ist eine Monomanie zu behaupten, daß alles in der Welt Politik sei! Auch das Politische bildet nur einen Aspekt des menschlichen Lebens und hat daher partiell zu bleiben. Daß der politische Aspekt partiell bleibt und nicht total und damit totalitär wird, dafür hat gerade der christliche Glaube mit seiner Erinnerung an Gottes Reich einzustehen.

An dieser „Mittelbarkeit" der politischen Wirkung des Evangeliums hängt die Zukunft des Christentums: ob das Evangelium Evangelium bleibt oder sich in ein Gesetz verkehrt, ob der Glaube Glaube bleibt oder sich in politische Aktion auflöst, ob an Gott um Gottes willen geglaubt und darum dem Menschen um des Menschen willen gedient wird.

Die Hoffnung auf das Reich Gottes macht die Christen der Erde nicht untreu, sondern schickt sie gerade in sie hinein. Und so machen sie sich denn an die Arbeit, nicht um die Welt zu erlösen und sie endgültig zur Heimat des Menschen zu schaffen, wohl aber um sie mit Liebe und Vernunft ein wenig zum Besseren zu wenden und den Menschen auf ihr ein etwas wohnlicheres Haus zu bauen. Der endgültige Sieg über die Unordnung der Welt ist Gottes und nicht unser; für die vorläufigen Siege und Niederlagen aber tragen wir die Verantwortung. Wir können in den Siegen und Niederlagen auf dieser Erde nicht den letzten Sinn unseres Daseins erblicken, wir können aber auf diese Erde auch nicht verzichten.

Helmut Gollwitzer

Wo kein Dienst ist, da ist Raub

Um das Fazit aus dieser unerwarteten und auch entlarvenden Debatte zu ziehen, müßte auf die verschiedenen Argumente der einzelnen Voten genauer eingegangen werden. Weil dazu der Raum fehlt, begnüge ich mich damit, zweierlei hervorzuheben: ein Phänomen mit symptomatischer Bedeutung und ein weiterer Klärung bedürftiges theologisches Problem.

Man erinnere sich: Eberhard Jüngel hatte in seinem Vortrag die Möglichkeit von Herrschaft ohne „Mißbrauch", d. h. gelöst von „Ausbeutung", entwickelt, und er hatte als „dringlichste politische Zumutung im Blick auf die Zukunft" – zugleich als eine Zumutung des christlichen Glaubens! – genannt: „die Erde aus einem Weltimperium in ein Weltdominium zu verwandeln, in dem alle Menschen gemeinsam ‚Herr im Hause' zu sein vermögen". Sieht man auf den gegenwärtigen Zustand der Menschheit, so ist das die revolutionärste Zielsetzung, die sich denken läßt, und sie ist von Jüngel nicht als schöne Utopie gemeint, sondern als dringlichste politische Aufgabe – „soll uns die Zukunft nicht das Fürchten lehren" –, als eine Aufgabe also, die alle politische Tagesarbeit beherrschen und das Kriterium für deren Beurteilung abgeben muß. Dazu könnten mancherlei Fragen gestellt werden: Warum so dringlich? Ist's auch möglich? Inwiefern gleichermaßen von der Vernunft wie vom christlichen Glauben geboten? Das Merkwürdige an dieser Debatte ist: Abgesehen von der letztgenannten, fachtheologisch interessanten Frage verschwendet keiner der Votanten an diese durch den Weltzustand täglich ernster werdende These von Jüngel auch nur einen Gedanken. Wer Jüngel und mich nicht gelesen hat, muß bei den Beiträgen besonders von E. Müller und W. Pannenberg den Eindruck haben, es handle sich um einen Aufsatz von mir mit der These: „Der Christ muß Sozialist sein".

Symptomatisch ist dieser Vorgang für die Abwehrbewegungen, die sofort einsetzen, wenn diese Zielsetzung, wie ich es tat, sachgemäß als „sozialistisch" bezeichnet wird. Damit ist sie schon so erledigt, daß alles Interesse an ihr verdrängt wird von dem Eifer, die Absurdität jedes

Eintretens für Sozialismus zu beweisen. Wer dieses Eintretens verdächtig ist, darf nicht mehr ernst genommen werden. Hätte ich einen Aufsatz über ein traditionell innertheologisches Thema geschrieben, wäre ich vermutlich einer mich ernst nehmenden Kritik gewürdigt worden. Nun aber wird nur abgewertet: „Naivität", „Flucht in das Land Utopia", „sozialistischer Wunderglaube", „Redensarten", „demagogische Schlagworte" – nicht Jüngel, aber ich, der ich ja nur Jüngels These mit dem zutreffenden Titel versehen habe, bin damit ins linke Abseits der Unzurechnungsfähigkeit gestellt. Ein weiterer Abwehrmechanismus ist die Beschönigung. Jüngel hatte immerhin von „unbestreitbaren Klassengegensätzen zwischen den Weltgegenden" gesprochen – und das geht uns an in unserer reichen Weltgegend! Darum muß das abgewehrt werden durch Beschönigung: „Wohlstandsgefälle" (Schmithals) – und dies von der westlichen Welt wohl verdient dank deren „technischem Know how, dem Fleiß ihrer Arbeiter und der technisch-wirtschaftlichen Initiative ihrer Unternehmer" (E. Müller). Andere Tatbestände, zu sehr auf der Hand liegend, als daß man sie ganz bestreiten könnte, werden so konzediert, daß sie damit zugleich bagatellisiert werden, so der „sicherlich zu verurteilende" Kolonialismus und Imperialismus und „manche Notstände" bei uns (E. Müller).

Was sich darin äußert, ist nicht nur, wie D. Sölle mit Recht feststellt, die „Kälte", die „totale Abwesenheit von Sensibilität für die heute Leidenden", es ist ebenso (was allerdings vielleicht das gleiche ist) die Ferne, in der diese Theologen von den mörderischen Konflikten unserer Welt leben, die äußere Ferne in ihrer akademischen Existenz und die dadurch ermöglichte innere Ferne, die ihnen ihr Parteisein, ihr Mitprofitieren an den „nichtbestrittenen", „der Ausbeutung dienenden Herrschaftsverhältnissen in der Welt" (E. Müller) unbewußt bleiben läßt. Darum gehen sie sofort in Verteidigungsstellung für eine Gesellschaft, in der sie sich – natürlich nur relativ, aber immerhin – wohl fühlen. Eine Kritik an ihr von solchen, denen (als Christen oder Humanisten) ihr eigenes Mitprofitieren unerträglich geworden ist und außerdem als kurzsichtig erscheint, können sie nur als „irrationalen Ausdruck" einer „tiefen Verzweiflung am Zustand der westlichen Demokratien" (Pannenberg) ansehen, nicht als rationalen Ausdruck einer nüchternen Erkenntnis, die mit allen Beschönigungen gebrochen hat, darum über die Symptome hinaus nach den Ursachen des gegenwärtigen Weltzustandes fragt und diesen nicht als Zufall oder Schicksal, sondern als Ergebnis menschlicher Handlungen, menschlicher Interessenkämpfe versteht.

Als weiterer Abwehrmechanismus erscheint die Unkenntnis – eine den Verfassern (sie meinen ja, Bescheid zu wissen!) unbewußte, aber keineswegs unschuldige, sondern künstlich beibehaltene Schimmerlosigkeit. Ob Zen-Buddhismus, ob Neopositivismus – sie würden sich genieren, darüber oder über eine andere wichtige Geistesrichtung unserer Zeit so kenntnislos und vorurteilsbefangen daherzureden, wie sie es sich in Sachen Sozialismus und Marxismus erlauben – gewiß, daß das ihrem Ansehen nicht schadet, auch nicht in der Universität, solange es gelingt, vermittels Radikalenerlasses und (ohne zu erröten) unter Bekenntnis zum wissenschaftlichen Pluralismus die Marxisten draußen zu halten, wie seit Wilhelms Zeiten an der deutschen Universität üblich.

„Die Grundforderung des Sozialismus besteht in der Abschaffung des Eigentums an den Produktionsmitteln", verkündet E. Müller. Aber was ist mit den Fabriken, wenn „das" Eigentum an ihnen „abgeschafft" ist? Stehen die dann herrenlos herum? Zum Sozialismus gehört Vergesellschaftung der Produktionsmittel, dies aber nicht als Selbstzweck, sondern als Bedingung dafür, daß „alle Menschen gemeinsam ‚Herr im Hause' zu sein vermögen". Müllers unsinnige Formel erspart ihm (und ebenso Pannenberg) die Frage, ob die Verstaatlichung der Produktionsmittel im Sowjetbereich mit sozialistischer Vergesellschaftung identisch ist. Aus lauter Interesse an dieser abschreckenden Identität wird die marxistische Kritik an den Deformationen des Sozialismus im Sowjetkommunismus ignoriert. Im Chor mit den geängstigten Westberlinern rufen diese Theologen allen Linken zu: „Geht doch nach drüben!" – als wären sie nicht Vertreter einer Kirche, die durch ihre zweitausendjährige Empirie ebensosehr (und ebensowenig) diskreditiert ist wie der Sozialismus durch die knapp sechzig Jahre seiner ersten Verwirklichungsversuche.

Zwei Leute haben an der Identität von Christentum und Inquisition Interesse: der Großinquisitor und der engagierte Christentumsgegner, der mit dieser Diskreditierung des Christentums von jeder ernsthaften Beschäftigung mit ihm abhalten will. Zwei Gruppen haben an der Identität von Sozialismus und Sowjetkommunismus Interesse: das ZK der KPdSU und die bürgerlichen Antisozialisten, die damit die sozialistische Gefahr hinter sich zu bringen versuchen – wobei die Theologen unter ihnen bei solcher Argumentation das Glashaus nicht bedenken, in dem sie selber sitzen.

Natürlich ist der Sozialismus, d. h. die Verwandlung des Weltimperiums in ein Weltdominium, „noch nirgends Realität geworden" (E. Müller). Wird damit aber Jüngels „politischer Zumutung" etwas von ihrer Dringlichkeit abgebrochen? Wird, wenn sie richtig ist, damit der gegenwärtige Weltzustand nicht noch beängstigender?

Die Regenerationsfähigkeit des Kapitalismus hat die allzu kurzfristigen Hoffnungen der Sozialisten widerlegt, nicht aber ihre Prognose, daß die kapitalistische Revolution die Menschheit in den Untergang führen wird. Denn der gegenwärtige Weltzustand ist das Produkt der kapitalistischen Regenerationsfähigkeit.

Daß die aus dem Privatkapitalismus ausgescherten, von ihm aber noch durchaus abhängigen Länder die Ausbeutung von Menschen und Natur noch nicht wirklich haben überwinden können, ist nur für Toren ein Anlaß zur Schadensfreude.

Hat Helmut Kohl (im Bundestag am 13. 3. 1975) der sozialliberalen Koalition die Schuld an „übertriebenen Erwartungen an die Reformfähigkeit des Staates" vorgeworfen, so heißt das: dieser Staat und diese Gesellschaft sind zu den dringlichsten großen Reformen, zu der von Jüngel geforderten „Verwandlung" unfähig, und das werden wir und unsere Kinder bezahlen müssen.

Hinter dieser Abwehrreaktion heutiger Theologen steht ein sehr ernster Sachverhalt: Sie sprechen für eine christliche Kirche, die seit Konstantin mit den privilegierten und durch Herrschaft ihre Privilegien aufrechterhaltenden Oberschichten der Gesellschaft verbündet ist und von ihnen ausgehalten wird. Wir weißen Theologen samt den in der Kirche maßgebenden Kreisen und auch den Lesern dieses Buches gehören zum weißen Bürgertum, zum privilegierten Teil der heutigen Weltbevölkerung. Jene „dringliche politische Zumutung" ist ohne Antastung unserer Privilegien nicht zu realisieren. Eine Kirche und Theologie, die weiterhin nur die Spiegelung der Privilegiengesellschaft ist und den Bannkreis der bürgerlichen Interessen nicht durchbricht, ist das längst dumm gewordene Salz; durch allerlei Modernisierung und durch erfreutes Mitmachen der „Tendenzwende" nach rechts wird sie vielleicht ihre äußere Existenz erfolgreich befestigen, aber nicht zum Salz und Licht werden, über das die Menschen – und gerade die unter den gegenwärtigen Verhältnissen am meisten Leidenden – den Vater im Himmel preisen (Matthäus 5, 13–16). Erst wenn wir das Evangelium theologisch und praktisch so auslegen, daß es unseren Privilegien weh tut, werden wir Salz und Licht für die Menschen. Erst dann „zeigt sich die unmittelbare Relevanz der Herrschaft Gottes in den Herzen der Menschen für das in dieser Welt mögliche Maß von Gerechtigkeit und gesellschaftlichem Frieden" (Pannenberg). Was möglich und dringend nötig ist, wird uns durch die Scheuklappen unserer Privilegieninteressen verstellt. Die theologischen Apologeten der kapitalistischen Ordnung, die die schlimmste Unordnung der Weltgeschichte ist, befestigen diese Scheuklappen. Die Verwandlung der Herzen, auf die der Dienst der Kirche geht, beweist sich an der Befreiung vom

Privilegiendenken. Das ist der politische Beitrag der Kirche zu jener „dringlichen politischen Zumutung".

Am schlimmsten ist Pannenberg. Schon sein Anfang ist vielversprechend: Die Sachbezeichnung Sozialismus setzt er gleich mit dem Namen eines Waschmittels neben anderen. Die bürgerliche Seele ist heute so verängstigt, daß sie schon Vokabeln als gefährlich empfindet und sie entwaffnen möchte. Als z. B. Harnack im „Wesen des Christentums" (1900) vom Sozialismus des Urchristentums sprach, war noch klar, daß jemand, der einen Weltzustand, „in dem alle Menschen gemeinsam ,Herr im Hause' zu sein vermögen", zum Ziele hat, ein Sozialist ist und daß Sozialist nur zu heißen verdient, wer für dieses Ziel kämpft. Ich schreibe diese Zeilen in einem israelischen Kibbuz. Soeben sagt mir ein alter Chawer: „Daß wir jetzt auch Lohnarbeiter beschäftigen, ist nicht sozialistisch; entweder wir kommen darüber hinaus oder unser Sozialismus geht daran zugrunde". Er hätte nicht sagen können: „Das ist nicht liberal"; denn hier geht es um eine Frage der gesellschaftlichen Produktion, die der Liberalismus immer ausgeklammert hat, weil er die bürgerliche Produktionsweise nicht antasten wollte. Das kann Pannenberg doch nicht verborgen sein. Der klassische Liberalismus, mit dem er argumentiert, forderte nur die politische Gleichberechtigung; der Sozialismus nahm diese Forderung auf, verband sie aber mit dem Ziel gesellschaftlicher Gleichheit und hat so den Liberalismus als Moment in sich aufgehoben.

Pannenberg ignoriert, daß Jüngel ein politisches Ziel formuliert hat, das nicht die „letzte Zukunft" betrifft, die in Gottes Hand liegt, sondern die irdische, „als Folge unserer Handlungen und Versäumnisse sich gestaltende Zukunft". Dafür hat er ein allerdings revolutionäres Ziel angegeben. Pannenberg tut so, als hätte ich, dem zustimmend (warum spricht er nicht gegen Jüngel und warum überliest er, was ich zustimmend zu Jüngels Unterscheidungen gesagt habe?), damit das Reich Gottes zum Ziel der Politik gemacht und sei also dem „sozialistischen Wunderglauben" verfallen. Diese Unterstellung eines absoluten Utopismus ist ein altes antisozialistisches Klischee, dem dann gleich weitere folgen: „Fanatismus" sehen die Privilegierten stets auf den Gesichtern der revoltierenden Unterdrückten. Wenn sie dann aufrührerische Bauern zu Zehntausenden abschlachteten, in ihren Gefängnissen (heute in Lateinamerika!) immer neue Foltern erfanden, Napalm auf vietnamesische Kinder herabregnen ließen und dies alles, um ungerührt in ihren Villen neben dem Elend der Slums weiter wohnen zu können, dann hielten sie sich nicht für Fanatiker. Pannenberg möge erst von den „Millionen", die nach seinen Worten der revolutionären „Illusion" zum Opfer gebracht worden sind, die Opfer des kaltherzigen

Fanatismus der Konterrevolution in allen Jahrhunderten abziehen, dann wollen wir weiterreden.

Ein anderes Klischee: die Opfer der Revolutionen seien gebracht worden, „ohne daß sich dadurch an der Herrschaft von Menschen über Menschen und an der damit verbundenen Ausbeutung irgend etwas grundlegend geändert habe". Bequemes Beweismittel dafür: die heutigen „sozialistischen Staaten". Mitunter setzt Pannenberg sie in Anführungszeichen, was ihn darauf bringen könnte, daß ihre Deformationen so wenig als Argument gegen die sozialistische Zielsetzung verwandt werden können wie – siehe oben! – die Inquisition gegen das Christentum. Aber abgesehen davon: Er frage einen Kubaner oder einen Chinesen – freilich nicht einen exilierten Entprivilegierten, sondern einen kubanischen Zuckerarbeiter oder einen chinesischen Reisbauern – ob sich für ihn etwas „grundlegend" geändert habe und ob er wegen jener Opfer wieder zu Batista oder Tschiangkaischek zurück möchte. Und Pannenberg selbst, der heute die Früchte der Französischen Revolution genießt: möchte er wegen der Guillotine wieder in die Zeit vor 1789 zurück? Wie kann ein hochgebildeter Mann, der sich jahrelang mit dem Geschichtsproblem beschäftigt hat, so ungeschichtlich denken?

Nach den so im Klischee gesehenen „Erfahrungen der sozialistischen Revolution dieses Jahrhunderts" fragt Pannenberg, ob „ein Christ heute" „noch guten Gewissens Sozialist sein" könne, und fügt hinzu: „im strikt marxistischen Sinne". Was letzteres heißt, bleibt dunkel und läßt auf ein Klischee von Marxismus schließen; denn die Schimmerlosigkeit in Sachen Marxismus zeigt sich an allem, was Pannenberg zu marxistischen Themen wie Ausbeutung und Klasse zu sagen weiß, und auch das alte Klischee, Marx (der als einziger die monopolistische Zukunft des Kapitalismus analytisch vorhergesagt hat!) habe nur den „englischen Frühkapitalismus" analysiert, womit seine Überholtheit für Pannenberg bewiesen ist. Aber Pannenbergs Frage hat es in sich. Sie besagt nicht nur, daß man als Christ ein gutes Gewissen nur haben kann, wenn man sich mit der „Herrschaft von Menschen über Menschen und der damit verbundenen Ausbeutung" – und das heißt konkret für uns: mit dem Kapitalismus und dem mit ihm verbundenen Imperialismus – abfindet und sich allen Strebens nach Überwindung dieser besonderen Gestalt der „fundamental ungerechten Welt" entschlägt, sondern sie meldet auch die Sozialisten als Verblendet-Gewissenlose für jenes „Aufräumen bis zum Rest des Jahrhunderts" an, das F. J. Strauß in seiner Sonthofener Rede als Programm verkündet hat. Pannenberg mag dagegen protestieren. Wer so spricht, muß wissen, wofür er damit verantwortlich wird. Wer F. J. Strauß' Pläne ausführt, kann damit zu Pannenberg in H. Heines Worten sagen: „Ich bin die Tat von deinen Gedanken".

Herauskommt bei diesen Klischees ein Defaitismus, der jede über das Bestehende hinausreichende Zielsetzung resigniert ablehnt und damit der Ziellosigkeit der bürgerlichen Gesellschaft und ihrer Angst vor jedem über ihren Status quo hinausreichenden Ziel entspricht. Demgegenüber hatten die Denker der frühbürgerlichen Gesellschaft den gesellschaftlichen Status quo noch kämpferisch angegriffen. Ihre Ideale sind dem Pessimismus des spätbürgerlichen Denkers zu Illusionen geworden, zu gefährlichen zumal, seit sich herausgestellt hat, daß sie die Privilegien in Frage stellen. Deshalb nimmt Pannenberg – wunderlich und bezeichnend zugleich für den, der seine sonstigen Veröffentlichungen und die seiner Freunde kennt – nicht die Intentionen des Liberalismus wie des Sozialismus in das christliche Denken auf oder entdeckt sie als dessen eigene Kinder, sondern er setzt beiden das christliche Denken entgegen. Schaut man aber genauer hin, dann besteht diese christliche Gegenposition in nichts anderem als eben in der spätbürgerlichen Skepsis und Veränderungsangst, und fragt man, was ausgerechnet daran christlich sein soll, dann erfährt man, daß „die jüdische und christliche Reich-Gottes-Hoffnung" „in Verbindung mit einer tiefen Skepsis gegen alle durch Menschen herbeigeführten politischen Umwälzungen entstanden sei". Während z. B. bei Karl Barth die „große" Revolution des Reiches-Gottes-Hoffnung Impuls und Perspektive für die „kleinen" innergeschichtlichen Revolutionen gibt, wird die Reich-Gottes-Hoffnung bei Pannenberg zum Ersatz solcher Revolutionen, ja zu einem nur in einer Skepsis, der nichts Christliches anhaftet, begründeten Verdikt über alle tiefergreifenden Veränderungsbemühungen, weil diese ja an der „fundamental ungerechten Welt" doch nichts „grundlegend" ändern können. Übrig bleibt nur die Änderung der „Herzen" – worunter sich jeder vorstelle, was er mag. Kein Wunder, daß bei solcher gesellschaftlichen „Sinnentleerung" Religion und Theologie auf die Aufgabe beschränkt werden, den Menschen in solch sinnloser und unveränderbarer Welt mit irgendeinem Sinn zu trösten, damit er, gelähmt durch gleichzeitig ihm eingeflößte Skepsis, sich mit der Sinnlosigkeit ohne Auflehnung abfinden kann: Glaube als „Schmieröl für die bestehende Gesellschaft", wie D. Sölle treffend sagt (und man wird verstehen können, daß ich mich mit ihr über vorhandene theologische Differenzen hinweg christlich einiger finde als mit Theologen, mit denen ich in „Richtigkeiten", wie Barth gesagt hätte, übereinstimme!). Eine schönere Bestätigung seiner Religionskritik hätte Karl Marx selber nicht schreiben können.

Das dabei entstehende theologische Problem, besonders von Schmithals und Künneth aufgegriffen, liegt in der Frage, ob jene „Zumutung" nur durch Vernunfterwägungen bei Prüfung des heutigen Weltzustandes entsteht oder auch, wie Jüngel sagt, dem christlichen Glauben entspringt. Ersteres haben die beiden nicht bestritten, ohne sich aber – bezeichnenderweise – weiter dafür zu interessieren. Mit dem christlichen Glauben aber habe das, weil nur Vernunfterwägung, nichts zu tun – oder nur soviel, daß das Evangelium die Vernunft „freisetzt". Aber wozu? Zur „angespanntesten Tätigkeit zum Wohle der Welt", sagt Jüngel unter Beifall von Schmithals und mir. „Die" Vernunft ist aber zunächst eine durchaus verschiedene, z. B. in Südafrika die Vernunft der Weißen und die Vernunft der Farbigen. Das „Wohl der Welt" verstehen sie zunächst nach ihren unterschiedlichen Interessen. „Freigesetzt" ist die Vernunft, wenn es eine Freisetzung durch das Evangelium sein soll, doch wohl erst dann, wenn es die Freisetzung der Vernunft zum Dirigiertwerden durch die Liebe ist, „durch die der Glaube politisch tätig wird" (Schmithals).

Durch dieses kleine Wort „Liebe", das sich immerhin in seinem Beitrag findet, ist Schmithals aber ebenso gefangen wie Künneth durch seine von ihm offenbar in ihren Konsequenzen nicht bedachte Formel vom „christlichen Protest gegen jede (!) Verletzung der Menschlichkeit". Diese beiden Ausdrücke, die von den beiden Bestreitern christlicher Zielsetzung für politisches Handeln, sofern sie christliche Theologen sein wollen, nicht unterlassen werden können, genügen; es bedarf nicht erst der von ihnen bestrittenen Analogielehre Barths. Denn Liebe kann ja nie nur Motiv vernünftigen Handelns sein. Liebe setzt sofort auch Ziele und gibt Kriterien für die Wahl der Mittel. In der Hitlerzeit z. B. setzte sie uns das Ziel, dieses Verbrecherregime zugunsten eines freiheitlichen Rechtsstaates zu stürzen, und führte uns in die Bedrängnis der Frage, ob dafür auch illegale Gewalt (20. Juli 1944!) ein verantwortbares Mittel sei. Von der Liebe dirigierte Vernunft ist also von der Not der anderen statt von egoistischen Privilegieninteressen motiviert, bekommt von der Liebe neue Ziele anstelle der Ziele des alten Adam gesetzt, für die sie dann selbst die adäquaten Mittel und Methoden zur Realisierung suchen muß, so aber, daß Liebe auch ständig zur Kritik der vom Verstand empfohlenen Mittel nach ihrer Vereinbarkeit mit dem von der Liebe gesetzten Ziel anhält.

Das Evangelium ist also nicht nur „Freisetzung" unserer Vernunft, sondern *drängt* sehr wohl unsere Vernunft zu neuen politischen Zielen. Es kann ja wohl nicht bestritten werden, daß die Befreiung unserer Bindung an unsere Privilegien zum zentralen Inhalt des Evangeliums gehört. Was machen wir mit ihnen? Wie weit sind wir frei, notfalls auf sie zu verzichten um der weniger Privilegierten willen? „Was nicht im

Dienste steht, steht im Raub" (Luther). Sind es aber mächtige Interessen, die heute schon den bei uns nötigen Reformen, erst recht der Verwandlung der Erde aus einem Weltimperium in ein Weltdominium entgegenstehen, dann fragt uns das Evangelium, wieweit jeder von uns durch seine Privilegieninteressen ein Bundesgenosse dieser entgegenstehenden Mächte ist. Es drängt uns in den politischen Kampf gegen diese Mächte, gegen die weltweite „Verletzung der Menschlichkeit" durch die „Klassengegensätze zwischen den Weltgegenden" für einen Weltzustand, in dem „alle Menschen gemeinsam ‚Herr im Hause' zu sein vermögen", oder, wenn man das resigniert für eine Utopie hält, für die möglichste Annäherung an einen solchen Weltzustand.

Deshalb muß Jüngels Formel von einer „politischen Dimension des Theologischen" statt einer abzulehnenden „theologischen Dimension des Politischen" verschärft werden. Sie meint doch wohl, der Politik dürfe keine Heilsfunktion zugeschrieben und das Christliche nicht dem Politischen zu dessen Erhöhung dienstbar gemacht werden. Dies geschieht aber nicht nur, wo politische Programme zu Heilsideologien verabsolutiert werden, sondern ebenso da, wo politische oder andere Interessen dem Evangelium Grenzen setzen, wie wir beides z. B. in der Nazizeit erlebt haben. Erst so wird Jüngels Formel zu einer Abgrenzung nach links *und* nach rechts. Das Evangelium drängt uns über eine von unseren Interessen dirigierte Politik hinaus; die Kirchengeschichte gibt aber Beispiele genug, wie bestehende Privilegienstrukturen und -interessen dem Evangelium Grenzen setzten bis tief in die Verkündigung der Kirchen hinein und damit der Liebe Grenzen setzten, so daß die christliche Liebe keineswegs gegen „jede Verletzung der Menschlichkeit" tätig protestierte, sondern, von der Theologie weithin noch dazu angeleitet, sich damit allzu ergeben abfand.

Deshalb ist heute nicht zuerst der Sozialismus das christliche Problem, sondern vorher noch die tiefe und vielfältige „Verletzung der Menschlichkeit", die von jeher mit der kapitalistischen Produktionsweise verbunden war und die heute, wenn man sich nicht von den wahrhaftig nicht gering zu schätzenden sozialstaatlichen Fortschritten bei uns, unbewußt interessengeleitet, zu Beschönigungen verführen läßt, nicht geringer, sondern unheimlich größer geworden sind. Nicht ob ein Christ Sozialist sein könne oder müsse, ist deshalb heute die erste Frage, sondern ob ein Christ weiterhin Befürworter und Apologet des kapitalistischen Systems sein könne, ob er also nicht brennend interessiert sein müsse an Wegen zur Überwindung dieses Systems und an Alternativen zu ihm. Darum geht es bei Neuansätzen wie der „Theologie der Revolution" und der „Theologie der Befreiung", die aus der millionenfachen Not Lateinamerikas entstanden sind, und über die man nur von unserem wohlbestellten Mittagstisch her so schnöde reden kann, wie es leider bei Jüngel und Künneth zu lesen ist.

Der Mangel bei Schmithals und Künneth scheint mir darin zu bestehen, daß sie den „spezifischen Auftrag der Kirche" (Künneth) zu eng – und offenbar auch zu gesetzlich auffassen. Sie beschränken ihn auf das christliche Proprium, d. h. auf das, was die Vernunft sich nicht selber sagen kann. Nun war aber der barmherzige Samariter bekanntlich weder Jude noch Christ; sein Handeln aber gilt mit Recht als Beispiel christlichen Handelns, wie es zum Inhalt der Verkündigung gehört. Das christliche Proprium sollte endlich einmal nicht exklusiv, sondern inklusiv verstanden werden. Die Liebe, ihr Motivieren und Zielsetzen und Kritisieren, ihre Bestrebungen und Werke – nichts davon ist „spezifisch" (= exklusiv) christlich, Gott sei Dank! nicht.

Jesu Worte zeigen gut genug, daß sich dies alles auch außerhalb des Jüngerkreises findet, andererseits im Jüngerkreis nicht selbstverständlich ist. Darauf beruht die Möglichkeit, mit anderen Menschen außerhalb des Jüngerkreises bei Bestrebungen, die von der Liebe geboten sind, zusammen zu arbeiten, sogar mit solchen, die aus egoistischen Motiven mitmachen. So geht es bei unseren irdischen Unternehmungen ja jeden Tag.

Das Tun der Liebe aber ist, obwohl nicht exklusiv christlich, so doch spezifisch christlich, sofern es die Lebensweise ist, zu der das Evangelium ruft und befreit. Die Zielsetzungen und Bestrebungen der Liebe aber ergeben sich aus nichts anderem als aus der Analyse der Wirklichkeit, also unter Einschaltung der Vernunft.

Da wird weder bloß „theologisch deduziert" noch „von der Theologie auferlegt" (Schmithals), so wenig wie Glaubenssätze „auferlegt" werden. Aber die zur Liebe Erweckten haben Augen, Ohren und Gehirnzellen, sie sehen und zeigen einander die Nöte der Mitmenschen, fragen nach den Ursachen und den Methoden der Hilfe und bekommen dafür von der Liebe das Ziel gezeigt, natürlich sehr wohl auch für die gesellschaftlichen Verhältnisse, in der Hitlerzeit z. B. das Ziel eines Staatswesens mit den jetzt im Grundgesetz festgeschriebenen Grundrechten. Solche Ziele geben die „Richtung und Linie" (Barth) für das politische Handeln der Christen. Hier kann einiges „deduziert", nichts aber „auferlegt" werden; denn in der Gemeinde der Freien herrschen nicht Menschensatzungen, sondern das Wort des Herrn, um dessen Verständnis und Befolgung im freien Gespräch der Jünger gerungen wird, in Glaubens- wie in Liebesfragen. Hier kann es zu ernsten Differenzen kommen, und wenn z. B. Künneth vor Jahren die Atombombe für ein mögliches Werkzeug christlicher Nächstenliebe hielt und jetzt in seinem Beitrag als Inhalt des „Öffentlichkeitsanspruchs des christlichen Glaubens" nur Ehe, Familie, Recht und staatliche Autorität anführt, nicht aber als ebenso wichtig Demokratie, bürgerliche Freiheiten, Chancengleichheit und ähnliches, so ist das eine ernste Differenz, die vermutlich auch in das Glaubensverständnis zurückreicht. Weil die bürgerliche Gesellschaft diese letztgenannten Lebensgüter zwar verspricht, aber nur unzulänglich und ungleich gewähren kann (und dies wegen ihrer Bestimmtheit durch die kapitalistische Produktionsweise), darum haben der junge Barth und Adolf Grimme gesagt, ein Christ müsse Sozialist sein, d. h. das Evangelium dränge ihn heute dazu, sich an der Überwindung des Kapitalismus und der Erringung einer Gesellschaft zu beteiligen, die dieses Versprechen besser verwirklicht.

Wie dieses Ziel, das heute tatsächlich zur „dringlichen politischen Zumutung" geworden ist, erreicht werden kann, ist vernünftig zu diskutieren. Mit Recht sagt Jüngel, „daß das Evangelium als Zumutung für die Gesetzgebung und Praktizierung des Gesetzes dringlich wird, ohne daß das Evangelium selbst dabei zum Gesetz wird".

Daß es der Mehrzahl der deutschen Theologen und Kirchenmänner aber so schwer wird, sich wenigstens auf ernsthaftes Erwägen der Thesen heutiger christlicher Sozialisten einzulassen und ihre Abwehrreaktionen zu überwinden, ist ein Symptom für die tiefe Klassenbindung der Kirche an die bürgerlichen Lebensbedingungen. Wenn das „Rettungswerk des wiederkommenden Christus" (Künneth) nicht auch innerweltliche Perspektiven eröffnet und Impulse gibt, wenn in einer „fundamental ungerechten Welt" die „theologische Verantwortung" auf die „Frage nach dem Sinn des menschlichen Lebens", also auf Tröstung mit einem transzendenten Sinn reduziert wird (Pannenberg), dann ist das Evangelium auf die Opiumfunktion der Religion reduziert und, wenn das von Angehörigen einer Privilegiengesellschaft geschieht, dann ist das ein Zeichen von Unbußfertigkeit. Der posthum bei uns zu Märtyrerverehrung gelangte Martin Luther King sagte dagegen: „Jahre lang arbeitete ich mit dem Gedanken, Institutionen der Gesellschaft zu reformieren, ein kleiner Wandel hier, ein kleiner Wandel dort. Heute empfinde ich ganz anders. Ich meine, die ganze Gesellschaft muß völlig umgebaut werden, eine Revolution der Werte ist erforderlich".

Eberhard Jüngel

Wer denkt konkret?

Die mir angebotene Möglichkeit eines „Schlußwortes" möchte ich für ein kritisches Gespräch mit der sich als entfernte Verwandte – sagen wir: Tante – empfehlenden Dorothee Sölle nutzen. Ich stimmte ihr nämlich nur gar zu gern ganz und gar zu: die Wahrheit ist konkret, und der Glaube ist es erst recht. Gleichwohl muß ich ihr ganz und gar widersprechen, wenn sie meint, uns darüber belehrt zu haben, was in Wahrheit konkret und inwiefern es der Glaube ist. Mit Frau Sölle darin einig, daß es beim Streit über das Verhältnis von Theologie und Politik um die Konkretheit des christlichen Lebens geht, muß ich doch gerade ihren Umgang mit dem Konkreten als höchst – abstrakt beklagen. Sie mag das als Zeichen für die von ihr vermißte „Dialektik" nehmen. Und auch als ein Zeichen dafür, daß ich so ohne jede Schmerzempfindung denn doch nicht bin. Im Gegenteil: der theologische Gebrauch, den Frau Sölle und nicht nur sie vom Leiden anderer macht, schmerzt gar sehr. Und der logische Gebrauch, den sie von meinem Vortrag machte, hat nun wirklich nichts als Zorn verdient. Auf das genaue Gegenteil dessen, was man gesagt hat, angesprochen zu werden – das tut weh. Und so gestehe ich denn: Nur wer Frau Sölle kennt, weiß, was ich leide. Indem ich diesen meinen Schmerz artikuliere, versuche ich mit anderen Worten noch einmal zu sagen, worum es mir ging.

Ein Schlußwort zur Diskussion können die folgenden Bemerkungen freilich nicht sein. Denn eine freie Diskussion über Theologie und Politik verträgt kein Schlußwort. Und eine Diskussion, in der rationale und differenzierende Argumentation als „bürgerlich" und „akademisch" suspekt gemacht wird, erst recht nicht. Konkrete Theologie? An die Stelle des theologischen Arguments sind Bekenntnis und Appell getreten. Wer sich dem nicht fügt, wird entlarvt – etwa mit der Bezichtigung, den Glauben zum „Schmieröl für die bestehende Gesellschaft" denaturiert zu haben, statt dieser die nötigen Klistiere zu verabfolgen. Walter Künneth befürchtete freilich genau das Gegenteil und beklagte, daß ich den Glauben als Befähigung zur „radikalen Systemüberwindung" empfohlen hätte.

Die gegensätzlichen Urteile sind kein Zufall. Beide Kritiker haben sich vielmehr in der ihnen eigenen Kunst, die allemal blödeste aller denkbaren Karikaturen ihrer jeweiligen Kontrahenten zum Abschuß freizugeben, als Konkurrenten erwiesen. Ergebnis: Ladies first! Doch auch ein künstlich verdunkelter Horizont macht noch kein Morgenrot. Und die Sonne der Gerechtigkeit Gottes, die Frau Sölle gern selber aufgehen lassen möchte, um die natürliche Sonne, die der himmlische Vater über Gute (die französischen Arbeiter der Uhrenfabrik LIP und deren Erzbischof) und Böse (Richard Nixon) scheinen läßt, zu überstrahlen, kann eben wirklich nur erbeten werden. In einem solchen Gebet um das Ende menschlicher Ungerechtigkeit und Bosheit ist der Glaube konkret. Er appelliert konkret an Gottes Urteilskraft. Und er vertraut auf sie.

Wer so mit seinem Glauben leidenschaftlich nach Gottes Gerechtigkeit trachtet, wird allerdings vorbehaltlos für menschliche Gerechtigkeit arbeiten müssen. Ja, er wird sich gerade durch die Bitte um das von uns nicht zu bewirkende Kommen seines Reiches in seinem „Engagement" für eine bessere Welt zu einem verantwortlichen politischen Handeln ausrichten lassen. Fiat iustitia! Die Gefahr der Werkgerechtigkeit sollte niemanden schrecken. Unsere Werke geraten dafür ohnehin kläglich genug.

Fiat iustitia – das ist zunächst Anrufung Gottes und damit zugleich Bitte um Vergebung unserer sozial ererbten und selbst verschuldeten Ungerechtigkeiten. Aber diese Bitte kommt her vom Dank für die Rechtfertigung des Sünders, von der Richard Nixon ausnehmen zu wollen theologisch nicht weniger „schwachsinnig" ist als die konstruierte Frage einer Kirchenleitung, ob auch Nixon gerechtfertigt sei. Die Rechtfertigung des Sünders allein aus Glauben ist ein *Ereignis,* über das weder eine Kirchenleitung noch Dorothee Sölle zu befinden haben. Gott sei Dank nicht!

Fiat iustitia – das ist aber daraufhin sofort ein die menschliche Person als Subjekt ihres Tuns anredendes Gebot, wobei die unmenschliche Fortsetzung „et pereat mundus" dabei gerade als verboten zu gelten hat. Gerechtigkeit geschieht nur dann, wenn die Welt, statt zugrunde zu gehen, besser und das heißt freier wird. Die Freiheit eines Christenmenschen trägt ihr Teil dazu bei, indem sie den Glaubenden, der niemandem untertan ist – „weder einer Regierung noch Terroristen"![1] –, zum Untertan der Liebe macht, die Leben schützt und Le-

---

[1] Der Berliner Pfarrer Heinrich Albertz hatte, als der Berliner CDU-Vorsitzende Peter Lorenz entführt worden war, sich zur Verfügung gestellt, um entsprechend der Forderung der Entführer eine Gruppe von Häftlingen ins

bensmöglichkeiten steigert. Für die soziale, aber auch für die intime Gerechtigkeit – etwa in einer Familie – alles nur Mögliche zu tun ist dem Christen daher geboten. Wir würden Gott mit der Bitte um seine Gerechtigkeit und das Kommen seines Reiches geradezu verhöhnen, wenn wir für die Gerechtigkeit in den Reichen dieser Welt nicht das uns Mögliche tun. Mit Künneth im Blick auf den Lauf der Welt einer theologischen Spekulation à la baisse das Wort zu reden steht nicht in der Freiheit eines Christenmenschen. Aber das uns Mögliche ist keineswegs unbegrenzt. Im Bereich des politischen Handelns ist durchaus nicht alles möglich, wie Frau Sölle in ihrer respektabel „undialektischen" Verwendung des Jesus-Wortes Mk 9,23 meint. Ihre Beispiele, nur konsequent verfolgt, beweisen es. Sie beweisen zugleich die weltferne Abstraktheit der Beispielerzählerin.

Ich muß darauf eingehen, da Frau Sölle ja gerade mit ihren Beispielerzählungen den Anschein einer konkreten Theologie erwecken will, behauptet sie doch, daß Theologie noch nicht bei ihrer Sache sei, solange sie nur „theologisch" ist. Hier ist das Zentrum des Streits visiert. Es geht – so könnte man statt um „Theologie und Politik" auch sagen – um die konkrete Einheit des höchst einseitigen Anspruches der Wahrheit mit den sehr vielseitigen Ansprüchen der Wirklichkeit. Wie kann Wahrheit konkret sein? Das ist die Frage.

Wer denkt konkret? Wer denkt abstrakt? Hegel hat in einem Berliner Morgenblatt einen Essay darüber geschrieben, in dem sich Frau Sölle vielleicht wiedererkennen wird. Ihrer Meinung nach denkt abstrakt, wer distanziert redet. Sie will Predigtsprache. Das ehrt sie. Ob freilich ihre unnachahmliche religiöse Mischung aus Kunstgewerbe, Larmoyanz und Zynismus schon gute Predigtsprache ist, mag dahingestellt sein. Zu fragen ist, ob Theologie selber Predigt sein soll. Ich bestreite das, und zwar zugunsten der Predigt. Um anredend so konkret werden zu können, daß die Sprache zutrifft und trifft, muß zuvor innerhalb der Praxis jene Distanz zur Praxis gewonnen werden, ohne die sprechende und befreiende Nähe nicht möglich wird. Im anderen Fall wird Praxis durch Praxis vergewaltigt. Und der angebliche Praxisbezug der Theorie bleibt eine Abstraktion, weil gar keine Theorie da war. Eine Abstraktion bleibt ein solcher Umgang mit der Wirklichkeit auch dann, wenn er mit der Attitüde des Konkreten parfümiert wird. An dieser Attitüde des Konkreten krankt die derzeitige Theologie. Ein „Geruch des Lebens zum Leben" (2. Kor. 2,16) entsteht bei solchen Parfümierungen jedenfalls nicht. Die unmittelbare Identifikation

Ausland zu begleiten. Nach seiner Rückkehr erklärte er: „Ich war niemandem untertan, weder einer Regierung noch den Terroristen."

von Theologie und Verkündigung und dann gar noch von Politik und Verkündigung führt vielmehr zu derselben dogmatisierenden Pseudoorthodoxie, im Kampf gegen die Frau Sölle sich einst nicht wenige Lorbeeren erworben hat. Jetzt aber hält sie mit pseudoorthoxer Intoleranz mir nicht nur vor, welche Teile ihres Credos in meinem Vortrag fehlten, sondern schreibt der Theologie zugleich auch noch vor, wie sie und wie sie nicht zu reden habe: nicht distanziert, nicht überlegen, nicht akademisch, nicht auf hohem Niveau, sondern – ja eben: wie Frau Sölle.

Da lobe ich mir denn doch die „akademische" Freiheit! Nicht weil sie „Nähe, Betroffensein, Engagement" unmöglich macht und „eine undialektisch gedachte Distanz" erzwingt. Die entsprechenden Vorwürfe sind grotesk und durch Verweise auf meinen Vortrag leicht zu widerlegen. „Zunächst (!) einmal Abstand nehmen" hieß es! Und das, um „dieser Welt *näher* zu kommen..., als dies aus abstandsloser Nähe möglich ist." Die Unterstellung gar, ich hätte den Menschen als „Person ohne Taten" und als ein „außer der Welt hockendes Wesen" gedacht, ist das genaue Gegenteil meiner Interpretation des Glaubens als „Freisetzung angespanntester Tätigkeit zum Wohle der Welt", das genaue Gegenteil auch meiner Forderung, Menschen „auf den weltlich unlösbaren (!) Zusammenhang mit ihren... Taten so anzusprechen", daß die „Person ein von ihren Taten unterscheidbarer Selbstwert bleibt oder allererst wieder wird". So hatte ich ja gerade die sehr konkrete Wahrheit begründet, daß der für sein unmenschliches Tun verantwortliche Täter dennoch nicht als Unmensch denunziert werden darf – eine Unterscheidung, die von Kurt Scharf und Gustav Heinemann inzwischen positiv aufgenommen und angewendet worden ist. Auf diese konkrete Wahrheit kam es mir an.

Aber Frau Sölles Kritik geht ja nun gerade dahin, daß ich dergleichen Anwendungen selber nur zurückhaltend – sie meint: gar nicht – vollzogen hätte. „Die totale Abwesenheit von Schmerz, von Sensibilität für die heute Leidenden" macht sie mir zum Vorwurf.[1] Ich will und kann diesen Vorwurf deshalb nicht übergehen, weil ich ihn nicht nur für pharisäisch, sondern für den Ausdruck eines unerhört leichtfertigen Umganges mit dem Leid anderer Menschen halte. Zweifellos: Christen sollten für die heute Leidenden den Mund auftun, und das keineswegs nur im Gebet. Doch die Rede von den heute Leidenden wie ein Ritual zu handhaben, das es gleichsam lochkartenähnlich abzu-

---

[1] Ganz ähnlich wirft sie (Lutherische Monatshefte 1/1975, S. 8) *Hans Küng* «Unfähigkeit zur Leidenschaft» vor (vgl. dazu Lutherische Monatshefte 4/1975, S. 198).

checken gilt, das ist nun wirklich eine „unerträgliche" Abstraktion. Ich muß deutlich werden.

Das Zitieren fremder Leiden zu dem Zweck, den Anschein des Konkreten zu erwecken, ist die obszöne Verwendung einer Wirklichkeit, die doch ohnehin obszön genug ist. Es ist zugleich ein Indiz für den Verlust konkreten Mitleids. Die unüberbietbare Unverschämtheit jenes abstrakten Mitleids, dessen vornehmliche Konkretion darin besteht, mit Hilfe fremder Leiden sich in den Medien der kapitalistischen Welt zu verbreiten, feiert derzeit ungenießbare Triumphe. Ich kann nicht umhin, auf Frau Sölles im März 1975 geäußerte Sorge um die „Schulen der Frelimo im Busch" zu verweisen, die durch kapitalistisch produzierte Spulen möglicherweise entdeckt und zerstört werden könnten. Im März 1975! Solchen Abstand vom politischen Geschehen hatte ich allerdings nicht gemeint. Aber eben: die durch Beispielgeschichten als konkret ausgegebene Wahrheit „entlarvt" sich selbst als ein quasiliturgisches Ritual, das auch dann noch zelebriert wird, wenn die „heute Leidenden" bereits Herrschende geworden sind. Frelimo – das war offensichtlich immer nur eine Konkretheit simulierende Kategorie. Das Leid wird zum – Zitat, wenn man seine Erwähnung einklagen zu müssen meint. Mich schmerzt dieser Umgang mit konkret leidenden Menschen. Und ich ziehe es vor, für das Asylrecht von politisch verfolgten Chilenen oder für – zu Unrecht! – mit Berufsverbot Bedrohte statt quasiliturgisch zu schreien im Rahmen meiner Möglichkeiten effizient *tätig* zu werden. In solchen Fällen zählen Taten, nicht die Selbstrepetition von Formeln oder Unterschriften.

Bonhoeffer hatte recht: Gregorianisch singen durfte nur, wer für die Juden zu schreien wagte. Schreien muß man dann, wenn man nichts mehr machen kann und eben dies unerträglich ist. Ein solcher Schrei ist der schreckliche Ersatz für die nicht mehr mögliche Tat. Er wird ja denn auch von den Unterdrückern in der Regel wie eine Tat geahndet – während die von Frau Sölle geforderten Schreie hierzulande mit Medaillen aus der Hand von Regierenden belohnt werden, was nur zeigt, daß sie in einem Lande schreit, in dem noch Taten möglich sind. Die Situation hingegen, in der man nur noch schreien kann, ist etwas anderes. Wer sie kennt, zieht es vor, da, wo das Schreien für die heute Leidenden zu einer Art neogregorianischem Refrain verkommt, lieber zu schweigen. Cum tacent, clamant...

Theologisch sind Helmut Gollwitzer, Dorothee Sölle und ich uns wohl darin einig, daß der Mensch ein Verhältniswesen ist, das durch sein Gottesverhältnis, sein Weltverhältnis, sein Verhältnis zu den nahen und fernen Mitmenschen, aber auch durch die gesellschaftlichen Verhältnisse in seinem Selbstverhältnis zutiefst bestimmt wird. Einig sind wir uns wohl auch darin, daß das Verhältniswesen Mensch durch Gottes – in Jesus Christus offenbar gewordenes – Verhalten zu uns als ein Lebewesen anerkannt worden ist, dem trotz seiner ständig Leben und Freiheit verwirkenden Schuld ein zeitliches und ewiges Leben in Freiheit zuerkannt ist. Für diese göttliche Anerkennung können und sollen wir gar nichts tun. Aber über sie kann sich konkret nur freuen, wer für ein zeitliches Leben aller Menschen in Freiheit alles nur Mögliche tut und durch solche Taten – also auch durch seine „akademischen Reflexionen" und erst recht durch seine Gebete – dafür Sorge trägt, daß mehr möglich wird. Das gilt selbstverständlich auch für die Produktionsverhältnisse. Das Mögliche läßt sich steigern. Der christliche Glaube will es steigern – wobei es heute wohl zunächst darum geht, die inhumanen Nebenwirkungen bisherigen Fortschritts so zu beseitigen, daß abermals Fortschritte der Menschlichkeit – sie werden dürftig genug sein – möglich werden. Es gilt, die mit den wachsenden Produktivkräften wachsenden Destruktivkräfte der Industriegesellschaft durch Wertentscheidungen zu bannen, die allen und vorzüglich den unverschuldet leidenden Menschen zugutekommen.

Muß man zu diesem Zwecke Sozialist sein? An dieser Frage scheiden sich die Geister. Ich behaupte: nein. Christlicher Glaube kann ein programmatisches „Muß" in dieser Sache nur als theologische Vergewaltigung der Gewissen bekämpfen. Der Sozialismus ist eine, aber nicht die einzige politische Möglichkeit, die Welt durch Inanspruchnahme von Freiheit und Gerechtigkeit freier und gerechter zu machen. Würde er zur einzigen Möglichkeit, wäre er alsbald keine echte politische Möglichkeit mehr. Ein Christ, der aus politischen Gründen Sozialist werden zu müssen meint, soll das – wie alles, was er tut – in Gottes Namen tun. Aber er soll Gottes Namen nicht mit diesem „Muß" identifizieren. Er würde damit nämlich das viel bemühte hohe C der CDU unausgesprochen in den Namen seiner Partei überführen – wogegen deren Atheisten sich hoffentlich zu wehren wissen.

Muß man zu jenem Zwecke Antikommunist sein? Ich behaupte: auf keinen Fall! Ist Antikommunismus auch nicht die Grundtorheit unserer Epoche, wie Thomas Mann meinte, so doch eine ausgesprochene politische Torheit. Man sollte sich auch durch das Verbrechen an Peter Lorenz nicht zu antikommunistischen Reaktionen verführen lassen. Ebensowenig wie zum Schrei nach der Todesstrafe, deren Erwähnung Frau Sölle noch wenige Tage, bevor dieser Schrei aufs neue laut wurde, so merkwürdig abstrakt vorkam – und das, obwohl sie in den meisten Staaten der Welt, darunter die sozialistischen, noch immer vollzogen wird. In diesem Zusammenhang dadurch „konkret" werden zu wollen, daß man von der „Lebensstrafe dafür, in der falschen Klasse geboren zu sein", reden zu müssen meint, verrät ein Verständnis von Konkretheit, das den zum Tode Verurteilten und den in der falschen Klasse Geborenen gleichermaßen grausam und abstrakt vorkommen wird. Eine solche Konkretheit simulierende Theologie verhält sich gegen das Konkrete, das sie sieht, selber abstrakt. Darin gleicht sie den mehr oder weniger feinen antikommunistischen Ideologien. Sie sprechen hemmungslos die Sprache der Verneinung. Wir sprechen sie zwar notgedrungen alle, weil ohne Verneinung die Bejahung profillos wäre. Aber sie sprechen sie gern und nicht, um zu bejahen. Das ist abstrakt.

Das schreibt freilich nicht, wie Frau Sölle behauptet, der „Staatsbürger eines CDU-regierten Landes", sondern ein Staatsbürger der DDR, in der zwar auch eine CDU, wenn auch von anderer Art, existiert und mitregiert – nämlich unter ausdrücklicher Bejahung des Führungsanspruches der Partei der Arbeiterklasse. Solange ich noch Bürger der DDR bin, provoziere ich mit meiner Ablehnung des Antikommunismus nun allerdings den umgekehrten Vorwurf, „Schmieröl für die" andere in Deutschland „bestehende Gesellschaft" produziert zu haben. Aber das muß nun tapfer ertragen sein.

Zum Schluß sei jedoch Frau Sölle noch einmal nachdrücklich zugestimmt: „Über Jesu Sache in der Welt ... brauchen wir uns keine Sorgen zu machen". Sie ist bei ihm selbst noch immer am besten aufgehoben. Und es ist eine uns widerfahrende Auszeichnung, als Mitarbeiter an seiner Sache so beteiligt zu werden, daß wir in Erinnerung rufen: „Er sorgt für Euch". Es muß ja deshalb – um denn für diesmal dem „Unbestechlichen" zu widersprechen – keineswegs auch schon „demnächst alles in schönster Ordnung sein"!

LUTHERISCHE MONATSHEFTE

Redaktion
Siegfried von Kortzfleisch
Gottfried Mierau
Kurt Schmidt-Clausen
Gerhard Bittner

Herausgeber
Heinz Beckmann
Axel von Campenhausen
Hermann Dietzfelbinger
Friedrich Hübner
Mikko Juva
Wenzel Lohff
Otto Perels
Hans-Otto Wölber

Ständige Mitarbeiter
Cord Cordes
Karl-Fritz Daiber
Friedrich Delius
Peder Højen
Wolfgang Huber
Friedrich König
Wulf Metz
Geiko Müller-Fahrenholz
Horst Reller
Gerd von Wahlert

Die **Lutherischen Monatshefte** wollen:
Informieren – Zusammenhänge zeigen – Hintergründe erhellen – Probleme klären – Meinungen bilden – Dialoge pflegen.

Die **Lutherischen Monatshefte** bieten:
Kommentare – Perspektiven – Berichte und Analysen – Aufsätze – Dokumentationen – Rezensionen – Zeitschriftenschau.

Die **Lutherischen Monatshefte** schreiben über:
Gesellschaft und Kirche – Kultur und Religion – aktuell und engagiert.

Es gibt ein paar gute Monatszeitschriften in Deutschland. Wir sind überzeugt: Die **Lutherischen Monatshefte** gehören dazu!

Wenn Sie die **Lutherischen Monatshefte** noch nicht kennen, bestellen Sie gleich Probeexemplare.

Lutherisches Verlagshaus GmbH
Mittelweg 111, 2000 Hamburg 13